Klüver

Afterwork Familie

W0077356

Afterwork Familie

Wie du mit wenig Zeit dich und deine Familie glücklich machst

Nathalie Klüver

**Bibliografische Information
der Deutschen Nationalbibliothek**

Die Deutsche Nationalbibliothek verzeichnet diese Publikation in der Deutschen Nationalbibliografie; detaillierte bibliografische Daten sind im Internet über http://dnb.d-nb.de abrufbar.

1. Auflage 2019

© 2019 TRIAS Verlag in Georg Thieme Verlag KG, ein Unternehmen der Thieme Gruppe

Rüdigerstr. 14
70469 Stuttgart
Deutschland

www.trias-verlag.de

Printed in Germany

Programmplanung: Katja Widmann
Projektmanagement: Kathrin Hage
Redaktion: Ursula Brunn-Steiner, Vaihingen/Enz
Umschlaggestaltung: CYCLUS
Visuelle Kommunikation, Stuttgart
Bildnachweis:
Umschlaggrafik und Zeichnungen:
Grafikbüro Schaaf, Germersheim
Satz: Ziegler und Müller, text form files,
Kirchentellinsfurt
gesetzt auf APP/3B2, V. 9
Druck: Westermann Druck GmbH, Zwickau

ISBN 978-3-432-10953-4   1 2 3 4 5 6

Auch erhältlich als E-Book:
eISBN (epub) 978-3-432-10954-1

Wichtiger Hinweis: Wie jede Wissenschaft ist die Medizin ständigen Entwicklungen unterworfen. Forschung und klinische Erfahrung erweitern unsere Erkenntnisse. Ganz besonders gilt das für die Behandlung und die medikamentöse Therapie. Bei allen in diesem Werk erwähnten Dosierungen oder Applikationen, bei Rezepten und Übungsanleitungen, bei Empfehlungen und Tipps dürfen Sie darauf vertrauen: Autoren, Herausgeber und Verlag haben große Sorgfalt darauf verwandt, dass diese Angaben dem Wissensstand bei Fertigstellung des Werkes entsprechen. Rezepte werden gekocht und ausprobiert. Übungen und Übungsreihen haben sich in der Praxis erfolgreich bewährt.

Eine Garantie kann jedoch nicht übernommen werden. Eine Haftung des Autors, des Verlags oder seiner Beauftragten für Personen-, Sach- oder Vermögensschäden ist ausgeschlossen.

Geschützte Warennamen (Warenzeichen ®) werden nicht immer besonders kenntlich gemacht. Aus dem Fehlen eines solchen Hinweises kann also nicht geschlossen werden, dass es sich um einen freien Warennamen handelt.

Das Werk, einschließlich aller seiner Teile, ist urheberrechtlich geschützt. Jede Verwendung außerhalb der engen Grenzen des Urheberrechtsgesetzes ist ohne Zustimmung des Verlages unzulässig und strafbar. Das gilt insbesondere für Vervielfältigungen, Übersetzungen, Mikroverfilmungen oder die Einspeicherung und Verarbeitung in elektronischen Systemen.

Die abgebildeten Personen haben in keiner Weise etwas mit der Krankheit zu tun.

Datenschutz: Wo datenschutzrechtlich erforderlich, wurden die Namen und weitere Daten von Personen redaktionell verändert (Tarnnamen). Dies ist grundsätzlich der Fall bei Patienten, ihren Angehörigen und Freunden, z. T. auch bei weiteren Personen, die z. B. in die Behandlung von Patienten eingebunden sind.

Liebe Leserin, lieber Leser,
hat Ihnen dieses Buch weitergeholfen?
Für Anregungen, Kritik, aber auch für Lob sind wir offen. So können wir in Zukunft noch besser auf Ihre Wünsche eingehen. Schreiben Sie uns, denn Ihre Meinung zählt!   Ihr TRIAS Verlag

Kontakt: kundenservice.thieme.de

Lektorat TRIAS Verlag, Postfach 30 05 04,
70445 Stuttgart
Fax: 0711-8931-748

Besuchen Sie uns auf facebook!
www.facebook.com/trias.tut.mir.gut

Lassen Sie sich inspirieren!
www.pinterest.com/triasverlag

Die Autorin

Nathalie Klüver, freiberufliche Journalistin für verschiedene Zeitschriften und selbst Mutter von drei Kindern, berichtet in ihrem Mamablog (www.ganznormalemama.com) aus ihrem Familienalltag. Es geht dabei um den ganz normalen Wahnsinn im Familienalltag, um Ernstes, Nachdenkliches und natürlich Heiteres – denn mit Humor geht alles leichter! »Wenn man weiß, dass es anderen genauso geht, ist alles gleich nur halb so schlimm« ist ihr Motto, unter dem ihre gesamte Arbeit steht.

Inhalt

Liebe Mütter, liebe Väter,

»Haushalt, Kinder, Einkaufen, die üblichen Familientermine – wie soll ich das alles am Nachmittag nach der Arbeit schaffen? Ich kann mich doch nicht zweiteilen!« Nicht nur haufenweise unerledigte Aufgaben bleiben auf der Strecke, sondern auch der Familienfrieden. Stress macht dünnhäutig und wer dünnhäutig ist, fährt schneller aus der Haut. Und eigentlich möchten wir nicht nur die manchmal lästigen Pflichten erfüllen, sondern auch noch mit den Kindern gemeinsam spielen, basteln oder Freunde besuchen. Ohne Zeitdruck im Nacken. Wie sollen wir das alles in der kurzen Zeit nach der Arbeit unterbringen? Viel zu oft schaffen wir das leider nicht.

Doch das muss nicht so sein. In diesem Buch möchte ich euch zeigen, wie ihr all diese Anforderungen an einem ganz normalen Nachmittag nach der Arbeit unter einen Hut bringen könnt. Ohne dass jemand drunter leidet. Und so, dass der Feierabend nicht in ein Gehetze und Gemecker ausartet, sondern die Zeit mit der Familie so genutzt wird, dass alle auf ihre Kosten kommen – die Kinder, der Partner und auch ihr selbst. Dabei helfen Rituale und eine regelmäßige Tagesstruktur.

Wie diese Rituale und Routinen aussehen können, zeige ich euch mit konkreten Tipps, die sich nicht nur theoretisch gut anhören, sondern sich auch tatsächlich in die Praxis umsetzen lassen. Mit diesen Routinen bleibt dann auch Zeit für euch selbst und euch als Paar. Denn nur so könnt ihr die Akkus für den nächsten Tag aufladen, um mit neuer Energie den täglichen Spagat zwischen Beruf, Haushalt und Familie zu schaffen. So habt ihr einen Feierabend, der seinen Namen verdient – ohne Stress, ohne Genervtsein, ohne Streit. Nicht immer, das wird kaum gelingen, aber immer häufiger. Denn auch Afterwork-parents sind gute Eltern!

Viel Spaß beim Lesen und Ausprobieren wünscht euch

Nathalie Klüver

Kapitel 1
After work: Stress oder Quality Time?

Endlich Feierabend?

Früher, in der Vor-Kind-Ära, war Feierabend der Teil des Tages, in dem man endlich die Beine hochlegen konnte. Sich wahlweise aufs Sofa verkrümelte, mit Freunden im Café saß oder in einem guten Buch versank. Erinnert ihr euch? Kommt es euch nicht auch manchmal vor, als sei dieses Feierabendgefühl ein Teil eines anderen Lebens? Einer Parallelwelt? Als sei dieses Feierabendgefühl irgendwo abhandengekommen zwischen dem Hetzen vom Kinderturnen zum Einkaufen, dem Kochen und dem Einschlafritual?

Mit dem Abholen aus dem Kindergarten oder dem Ende der Schulbetreuung beginnt für viele Eltern eben nicht der Feierabend, sondern es fühlt sich eher an wie eine zweite Schicht. Statt die Beine nach getaner Arbeit hochzulegen, geht es nun erst so richtig los. Teilzeitarbeitende Eltern, die von ihren Kollegen mit einem »schönen Feierabend« oder womöglich noch einem blöden Spruch über die viele Freizeit, die sie angeblich haben, verabschiedet werden, fühlen sich geradezu verhöhnt. Feierabend gibt es irgendwann zwischen acht und neun, wenn die kinderlosen Kollegen schon längst beim zweiten Bier in der Kneipe sitzen.

Wieso eigentlich? Wer sagt denn, dass der Feierabend nicht auch genau dann anfangen kann, wann er in grauer Vorzeit angefangen hat: mit dem Beenden der Arbeit? Wer sagt denn, dass der Nachmittag mit Kindern mit Stress gleichzusetzen ist? Wer sagt denn, dass man nicht auch mit Kindern einen gemütlichen Feierabend verbringen kann? Mit einem Buch auf dem Sofa, Tee und Keksen, mit einem schönen Gesellschaftsspiel auf dem Fußboden oder einem geselligen Familienabendessen?

In der Theorie könnte es sicher so sein, sagt ihr jetzt. Netter Vorschlag. Aber wo sollen wir es denn unterbringen, das gemütliche Feierabendgefühl und die vielzitierte Quality Time mit unseren Kindern? In einem Nachmittag und Abend, der vollgestopft ist mit Verpflichtungen, mit Haushaltstätigkeiten und anderen Dingen, die man zu erledigen hat? Mit Kindern, die müde und quengelig sind, einen mit ihrer Trödelei und ihren Wutanfällen zur Weißglut bringen können oder mal wieder keine Hausaufgaben machen wollen?

Ein ganz normaler Eltern-Feierabend

Nach der Arbeit, bei der man mal wieder viel zu spät den Stift hat fallen lassen, stellt sich viel zu oft dieselbe Frage: Einkaufen vor dem Abholen der Kinder und dann kurz vor Toresschluss in den Kindergarten eilen oder aber erst die Kinder abholen und mit ihnen den Supermarkt entern, auf die Gefahr hin, dass sie vor dem Süßigkeitenregal zum Wutzwerg mutieren? Egal, wie man sich entscheidet: Meistens ist es die falsche Entscheidung. Irgendeiner motzt immer. Im Zweifel seid ihr es selbst, weil die Nerven mal wieder dünn wie Angelschnüre sind.

Wenn man dann den Kindergarten betritt, trödelt das Kind wie üblich beim Anziehen, wenn es sich denn überhaupt anziehen will. Der Zettel mit der Aufschrift »Ihr Kind braucht eine Mütze« verschwindet in der Handtasche zu den Zetteln »Ihr Kind braucht neue Windeln« und »Bitte an die fünf Euro für den Zoobesuch denken«. Die frisch angefertigten Kunstwerke des Kindes auch. Ungesehen. In einer halben Stunde ist Kinderturnen, der Weg ist weit, an der Ampel ein Stau und Parkplätze gibt es vor der Turnhalle sowieso keine. Da bleibt keine Zeit, sich von dem Kind erklären zu lassen, was der blaue Krickelkrakel-Strich bedeuten soll. Und für den Regenwurm auf dem Weg zum Auto ist erst recht keine Zeit.

Ein ganz normaler Nachmittag also. Steht kein Turnen an, dann musikalische Früherziehung oder ein Arzttermin. Oder neue Sandalen müssen gekauft werden. Irgendwas ist immer. Ist man dann endlich zu Hause, braucht das Schulkind Hilfe bei den Hausaufgaben, während das Kindergartenkind aus dem Kinderzimmer ruft: »Mama, mir ist langweilig, ich habe nur Baby-Spielzeuge!« Und die Stimmung ist noch mehr im Eimer, als sie es vorher schon war. Gemütlich ist etwas anderes. Dieses Dauergehetze und Gemecker kann auch nicht das sein, was die Leute mit »Quality Time« meinen.

Beim Kücheaufräumen hilft natürlich auch mal wieder – genau! – niemand. Anstatt zum kuscheligen Vorlesen überzuleiten, gibt es wie fast jeden Abend das Zahnputz-Drama in drei Akten. Bis die Kinder schließlich im Bett liegen, jeder noch mal auf dem Klo war und ein Glas Wasser getrunken hat, ist es statt der anvisierten 20 Uhr wie immer 21 Uhr geworden und der Mann auf dem Sofa eingeschlafen. Jetzt noch ein bisschen Stricken oder ein gutes Buch lesen? Dafür fehlt definitiv die Energie, also ab ins Bett, den Wecker vorher auf halb sieben gestellt. »So habe ich mir das Familienleben nicht vorgestellt, immer dieses Hetzen und Meckern und das Gefühl, als ob irgendetwas auf der Strecke bleibt« ist der letzte Gedanke vor dem Einschlafen.

Muss das so sein? Dieses ständige Gefühl, nichts zu schaffen, gepaart mit einem permanent schlechten Gewissen, sich nicht genug um die Kinder zu kümmern? Nein. Es muss nicht so sein.

Mehr Zeit und weniger Stress

Fragt man Kinder, was sie sich am meisten von ihren Eltern wünschen, sind es keine spektakulären Urlaube oder Nachmittagsaktivitäten, sondern schlicht: mehr Zeit und weniger Stress. Sie wünschen sich mehr gemeinsame Zeit mit der Familie. Ohne Gemecker, ohne Termindruck. Ohne dass die Eltern nur mit einem Ohr bei ihnen sind und mit dem anderen am Handy. Wenn es gelingt, die drei, vier Stunden zwischen Kindergarten/Schule und Ins-Bett-Gehen miteinander statt nebeneinander zu verbringen, ohne Stress und Nörgelei, dann schaffen wir unseren Kindern die beste Voraussetzung dafür, starke, glückliche Menschen zu werden. Ein gemeinsamer Feierabend ohne Hetzen zu Terminen, Förderungsdruck und Streit stärkt die Beziehung und Bindung zwischen Eltern und Kindern.

Zeitdruck und Stress machen schlechte Laune und lassen uns viel zu oft genervt reagieren, auch wenn wir es eigentlich gar nicht so meinen. Es sind gerade diese stressigen Tage, an denen sich ein Termin an den anderen reiht und man eigentlich nur auf dem Sprung ist, an denen man irgendwann aus einer Nichtigkeit heraus explodiert und in die Meckerfalle tappt. Und hat die erst einmal zugeschnappt, kommt man so leicht nicht mehr heraus. Es sind diese Tage, an denen man abends im Bett liegt und sich fragt, wieso der Tag eigentlich so enden musste und an welchem Punkt der Stress ausgeartet ist. Es sind diese Abende, an denen einen das schlechte Gewissen plagt, mit den Kindern wieder viel zu viel geschimpft und viel zu wenig wirkliche Zeit mit ihnen verbracht zu haben.

 Verschiedene Stressauslöser

Was stresst Eltern?

- »Die ewige Nörgelei ums Essen.«
- »Wenn die Kinder sich wegen der unsinnigsten Sachen streiten.«
- »Das ständige Trödeln: am Morgen, im Kindergarten, vor dem Ins-Bett-gehen ...«
- »Die Quengelei und die Trotzanfälle beim Einkaufen.«
- »Wenn das Kind einfach nicht schlafen will.«
- »Wenn bei den Meetings im Büro niemand Rücksicht auf die Kindergartenschließzeiten nimmt.«
- »Das ständige Gemecker wegen der Hausaufgaben.«
- »Das Aufdrehen kurz vorm Schlafengehen.«
- »Dass man es nie allen recht machen kann – irgendjemand meckert immer.«
- »Der ständige Zeitdruck und das Zuspätkommen.«
- »Dass die ganze Hausarbeit an mir hängenbleibt.«
- »Dass einem keiner dankt.«

Was stresst Kinder?

- »Wenn ich keine Zeit zum Spielen habe.«
- »Wenn ich jedes Mal, wenn ich gerade angefangen habe zu spielen, wieder losmuss.«
- »Wenn ich leise sein muss.«
- »Wenn wir nach dem Kindergarten einkaufen, obwohl ich so müde bin.«
- »Wenn meine Mutter ständig meckert.«
- »Wenn meine Eltern beim Abendessen die ganze Zeit über ihre Arbeit sprechen.«
- »Wenn meine Eltern beim Essen ständig meckern, dass ich mich besser benehmen soll.«
- »Wenn ich beim Einkaufen nicht das Spielzeugregal anschauen darf.«
- »Wenn ich abends unbedingt ins Bett soll, obwohl ich gerade so schön spiele.«
- »Dass meine Eltern ständig aufs Handy gucken, wenn ich ihnen etwas zeigen will.«
- »Dass ich nie Paw Petrol gucken darf, obwohl alle anderen das gucken dürfen.«
- »Wenn Mama beim Ins-Bett-Bringen ständig auf die Uhr guckt und so komisch seufzt.«

Quality Time oder Quantity Time?

Die gute Nachricht vorneweg: Eltern verbringen heute doppelt so viel Zeit mit ihren Kindern wie vor 50 Jahren. Und das trotz Teilzeit oder Vollzeit arbeitender Mütter, Ganztagsbetreuung und Kleinkindbetreuung unter drei Jahren, die man vor 50 Jahren noch vergeblich suchte. Die miteinander verbrachte Zeit stieg von 54 Minuten auf 104 Minuten am Tag an – wobei die Väter 1965 noch ganze 16 (!) Minuten am Tag mit ihren Kindern verbracht haben. Wie die Wissenschaftler auf diese Zahl kommen? Die Studienergebnisse wurden 2017 in der italienischen Ausgabe der »Psychologie heute« veröffentlicht, sie basieren auf einer groß angelegten Langzeitstudie von Forschern aus Kalifornien. Diese werteten Elterntagebücher aus elf westlichen Ländern aus. In diesen Tagebüchern hatten Eltern alle Tätigkeiten aufgelistet, die sie mit ihren Kindern gemeinsam machten, darunter zum Beispiel neben Spielen, Trösten und Vorlesen auch Wickeln, fürs Bett fertig machen, gemeinsam essen, vom Kindergarten abholen, beim Fußballtraining zuschauen oder bei den Hausaufgaben helfen.

Sind 104 Minuten viel oder wenig? Und wieso kommt es uns Eltern oft als immer noch zu wenig Zeit vor, obwohl sich die gemeinsam verbrachte Zeit verdoppelt hat? Vielleicht liegt es an unseren heutigen Ansprüchen. Früher zogen die Kinder nach der Schule in Gruppen durch die Nachbarschaft, die kleinen Geschwister wurden einfach mitgenommen. Heute sind wir uns unserer knappen Zeit viel bewusster und wollen sie auch bewusst mit unseren Kindern verbringen. Aber wir schießen dabei manchmal über das Ziel hinaus, indem wir die Tage mit möglichst vielen Aktivitäten vollknallen und am Ende vor lauter Aktivität nicht mehr zum Spielen und Zusammensein kommen, geschweige denn Zeit finden, mit unseren Kindern ungestört ein Wort zu wechseln. Da ist es dann wieder, das Gefühl, dass irgendetwas permanent auf der Strecke bleibt.

Zeit mit Kindern verbringen – was heißt das?

Wenn es um Familienzeit geht, werden immer wieder die Begriffe »Quality Time« und »Quantity Time« genannt. Doch was steckt genau hinter diesen Modebegriffen? Sie stammen aus dem Englischen. »Quality Time« beschreibt Zeit, die man mit seiner Familie, seinem Partner oder Freunden verbringt. Dieser Begriff stammt übrigens schon aus den 70er Jahren und wurde in den Vereinigten Staaten in der Diskussion um die Vereinbarkeit von Familie und Beruf benutzt. Dabei geht es um Dinge, die die menschlichen Beziehungen festigen sollen. Die amerikanische Soziologin Arlie Russell Hochschild gab folgende Definition: »Dem Konzept der Quality Time liegt die Annahme zugrunde, dass sich die Zeit, die wir Beziehungen widmen, irgendwie von der persönlichen Zeit trennen lässt. Natürlich gehen Beziehungen auch während der Quantity Time weiter, aber dann sind wir nur passiv bei unseren Gefühlsbindungen und betreiben sie nicht aktiv, gezielt und nicht von ganzen Herzen.«

Im Jahr 2009 fasste das Bundesfamilienministerium den Begriff ein wenig weiter: »Als Qualitätszeit für Familien betrachten wir verlässliche und selbstbestimmte Zeitoptionen, die Familien bewusst für gemeinsame Aktivitäten nutzen. Dabei kann es sich sowohl um gemeinsame Ausflüge oder Spielnachmittage handeln als auch um Aktivitäten wie gemeinsames Kochen und Essen, solange sie bewusst als Familienzeit wahrgenommen werden.«

Aber ist das wirklich so? Müssen wir Eltern uns der Definition von »Quality Time« zufolge nach dem Abholen aus dem Kindergarten oder der Schule bis zum Schlafengehen intensiv unseren Kindern widmen und drei Stunden lang »Mensch ärgere dich nicht« spielen oder Bauklötze stapeln, um qualitativ hochwertige Zeit mit unseren Kindern zu verbringen? Um so unser schlechtes Gewissen zu beruhigen, weil wir sie erst um drei oder vier Uhr nachmittags aus dem Kindergarten abholen?

Nein. Müssen wir nicht. Können wir auch gar nicht. Denn es gibt nun mal Dinge, die erledigt werden müssen. Auch in dieser knappen Zeit zwischen Arbeitsende und Schlafengehen. Der Haushalt, die Wäsche (und das ist mit Kindern schnell eine Waschmaschinenfuhre täglich), das Essen und das Kochen konkurrieren mit dem gemeinsamen Spielen oder Basteln. Wer keinen Butler oder eine in Vollzeit tätige Haushälterin hat (und das haben nun mal die wenigsten), kommt um diese Tätigkeiten meistens nicht herum. Selbst eine regelmäßig kommende Putzhilfe nimmt einem nicht alles ab, was täglich im Haushalt anfällt.

Wie man diese »Pflichttätigkeiten« mit der Qualitätszeit unter einen Hut bringt, dazu geben die folgenden Seiten ganz praktische Tipps. Aber zunächst möchte ich euch das schlechte Gewissen nehmen: Auch gemeinsames Kochen, gemeinsames Blumengießen, gemeinsames Einkaufen oder gemeinsames Wäscheaufhängen können unter »Qualitätszeit« fallen. Denn auch gemeinsam den Geschirrspüler auszuräumen, ist natürlich gemeinsam verbrachte Zeit. Die Frage ist nur: Wie erledigt man diese Aufgaben gemeinsam? Und wie erledigen wir sie so gemeinsam, dass diese Zeit als Qualitätszeit genutzt wird?

Reine Haushaltstätigkeiten zählt auch das Familienministerium in seiner Definition nicht zur Quality Time, sagt aber: »Für uns bemisst sich Zeitwohlstand in bewusster Interaktion, Fürsorge und Zuwendung mit dem Ergebnis von Wohlbefinden.« Und eben genau darauf kommt es an.

Der Zauber liegt im Alltag

Es ist wichtig, dass wir mit unseren Kindern nicht einfach nebeneinander den Geschirrspüler ausräumen und dabei nebenher auf unser Smartphone schauen, sondern wirklich gemeinsam mit unseren Kindern diese mitunter leidigen Haushaltstätigkeiten erledigen und dabei in eine Interaktion treten, uns dabei unseren Kindern zuwenden. Es ist ein Unterschied, ob wir die Kinder beim Einkaufen nur hinter uns herziehen und allerhöchstens beim Diskutieren über das obligatorische Überraschungsei in einen Dialog treten, oder ob wir mit den Kindern gemeinsam überlegen, welche Zutaten wir für das Abendessen brauchen, die Kinder im Supermarkt die Äpfel einpacken und an der Kasse beim Einladen der Einkäufe helfen lassen. Es ist ein Unterschied, ob wir unsere Kinder vor dem Fernseher parken und derweil das Abendessen vorbereiten, oder ob wir uns gemeinsam als Familie hinsetzen, die Mohrrüben schälen und dabei gegenseitig Witze erzählen oder über den Tag sprechen. (Wobei es auch vollkommen in Ordnung ist, die Kinder ab und zu etwas im Fernsehen schauen zu lassen, um kurz etwas Zeit für sich selbst zu haben, S. 61.) Welche Tätigkeiten sich besonders dafür anbieten und was Kinder ab welchem Alter im Haushalt übernehmen können, werde ich im Kapitel »Im Haushalt lernen Kinder für das Leben« genauer erläutern (S. 107).

Sich gemeinsam dem Haushalt zu widmen, bringt nicht nur mehr Spaß, sondern ist auch eine sehr gute Möglichkeit, sich über das, was einen bewegt, und über den Tag auszutauschen. Wenn ihr ältere Kinder habt, wisst ihr, dass sie im direkten Verhör eher einsilbig auf Elternfragen antworten – aber zum Beispiel beim gemeinsamen Wäscheaufhängen ohne direkten Augenkontakt eher ins Plaudern kommen. In diesen Momenten sollten wir Eltern dann auch genau hinhören und bewusst da sein. Interaktion statt Nebeneinanderher ist das Zauberwort für Qualitätszeit.

Deshalb ist es so wichtig, unsere Kinder am Alltag teilhaben zu lassen. Denn der Zauber liegt im Alltag! Denkt an die Bullerbü-Bücher von Astrid Lindgren: Sie erzählt dort vor allem von Alltagstätigkeiten und schafft es trotzdem, diesen besonderen Kindheitszauber zu erwecken. Die Kinder von Bullerbü verziehen Rüben, holen Schuhe vom Schuster ab und füttern Lämmchen: eigentlich banale Alltagstätigkeiten, aber niemand würde auf die Idee kommen zu sagen, dass die Kinder von Bullerbü keine schöne Kindheit haben. Im Gegenteil, Bullerbü ist zum Synonym für eine schöne Kindheit geworden. Obwohl die Eltern der Kinder von Bullerbü sich nicht permanent um ihre Kinder kümmern, den ganzen Tag mit ihnen spielen oder sie zum Geigenunterricht fahren. Ganz im Gegenteil. Also: Nehmt eure Kinder mit in euren Alltag, statt sie vor dem Fernseher zu parken!

Kinder-Zitat

Wir haben am Wochenende einen Mähdrescher gesehen, der war so groß und ist so schnell übers Feld gefahren. Und der Trecker neben ihm hatte Reifen, die waren größer als Papa! Das war das Beste am ganzen Wochenende. Hoffentlich sehen wir nächste Woche wieder einen.

Für Kinder ist es spannend, mit dem Auto in die Waschanlage zu fahren. Sie lieben es, zu sehen, wie eine Pizza gemacht wird oder wie im Garten Blumen ausgesät werden. Für Kinder ist es ein kleines Abenteuer, an der Baustelle stehenzubleiben und dem Bagger beim Lochausheben zuzuschauen. Durch das Beobachten, Mitmachen und Nachahmen lernen unsere Kinder und übernehmen das, was sie beobachten, mit in ihr Spiel. Genau darum brauchen wir kein schlechtes Gewissen zu haben, wenn wir uns im Garten von unseren Kindern beim Unkrautjäten helfen lassen. Genauso ist es gemeinsam verbrachte Familienzeit, wenn wir voneinander lernen, uns gegenseitig Dinge erklären und die anderen an unseren Aktivitäten teilhaben lassen. Also wenn der Enkel der Oma das Handy erklärt, die Mutter dem Sohn das Computerprogramm oder der Vater sich von der Tochter die neueste Lieblingsserie schildern lässt. Gegenseitiges Interesse ist eine der Hauptzutaten für ein glückliches Familienleben, wenn es aufrichtig ist und nicht als lästige Pflicht wahrgenommen wird.

Wir sollten uns also von dem Druck befreien, auf Teufel komm raus die gesamte Nachmittagszeit mit Spielen, Basteln oder Vorlesen verbringen zu müssen – und dann nach dem Einschlafen der Kinder noch ganz allein eine Extraschicht im Haushalt einzulegen. Nein, die zwei Stunden, bevor wir selbst ins Bett gehen, sollten wir für uns selbst nutzen und nicht mit Geschirrspüler-Einräumen verbringen. Denn, wenn wir Mütter unser eigenes Wohl immer an die letzte Stelle setzen, ist niemandem geholfen! Ein Burnout kommt schleichend – und damit es gar nicht erst so weit kommt, müssen wir Mütter auch an uns denken und unsere eigenen Bedürfnisse befriedigen. Aber dazu komme ich später noch (S. 156).

Ebenso wenig geht es bei dem Quality-Time-Gedanken darum, die gemeinsame Zeit mit spektakulären oder ausgefallenen Höhepunkten vollzustopfen. Kinder müssen nicht jeden Tag auf einen tollen Abenteuerspielplatz oder in den Zoo oder Freizeitpark. Das gilt auch für das Wochenende: Es muss nicht jedes Wochenende ein noch aufregenderer und noch ausgefallenerer Indoorspielplatz sein. »Höher, schneller, weiter« ist nicht das, was Quality Time ausmacht.

Wohlig-warme Kindheitserinnerungen

Erinnert euch doch einmal an eure Kindheit? Welche schönen Erlebnisse, welche warmen Gefühle fallen euch ein? Ich denke sofort an das gemeinsame Pfannkuchenbacken am Wochenende (das ich übrigens heute genauso mit meinen Kindern ritualisiert habe), an das Federballspielen im Garten oder die gemeinsamen Kniffel-Abende. An die Zoobesuche hingegen habe ich kaum Erinnerungen. Dieses wohlig-warme Kindheitsgefühl, das verknüpfe ich mit eben jenen gemütlichen Spielenachmittagen oder den verregneten Sonntagen, die ich von morgens bis abends im Schlafanzug verbrachte und vor mich hin spielte. Genauso assoziiere ich das Familiengefühl aber auch mit dem abendlichen Essenvorbereiten, bei dem ich mit meinen Eltern über Gott und die Welt diskutierte.

Das sind die Dinge, die sich einprägen. Es sind Dinge wie das gemeinsame Vorlesen vor dem Schlafengehen, der Milchreis mit Apfelmus, den der Vater kocht, wenn die Mutter nicht da ist. Von eben jenen Momenten sollten wir so viele wie möglich in unseren Alltag einbauen. Mehr Momente, die Nähe schaffen, die ein intensives Familien- und Wir-Gefühl schaffen, in denen wir uns warm und wohlig aufgehoben fühlen. Denn das Glück in der Familie entsteht nicht aus den Höhepunkten, sondern aus einem alltäglichen Wir-Gefühl: »Wir gehören zusammen, wir halten zusammen, egal, ob wir uns streiten.« Dieses Familiengefühl entsteht wiederum durch gemeinsame Unternehmungen und alltägliche Tätigkeiten, bei denen man wirklich miteinander Zeit verbringt. Es entsteht auch durch das Wissen: »Meine Eltern sind da, wenn ich sie brauche.«

Dieses Familiengefühl, dieser Zusammenhalt, diese Qualität von Beziehungen macht uns Menschen glücklich. Eine über 75 Jahre laufende Harvard-Studie hat ergeben, dass es eben nicht Geld oder beruflicher Erfolg sind, die uns Menschen glücklich machen, sondern dass wirkliches Glück auf gelungenen Beziehungen beruht. Zudem machen gelungene Beziehungen auch noch gesünder und sorgen für eine höhere Lebenserwartung. Dabei gehe es nicht um die Anzahl der Freunde, sondern vielmehr um die Qualität der Beziehungen, so die Studie. Ein glückliches Familienleben unterstützt die Gesundheit und prägt die Lebenszufriedenheit – ein Leben lang. Wie weitere amerikanische Studien gezeigt haben, gründen Kinder aus stabilen Familien mit einer höheren Wahrscheinlichkeit eine ebenfalls glückliche Familie. Familienglück lässt sich also über Generationen weitergeben.

Ganztagsbetreuung?
Ohne schlechtes Gewissen!

Einer Teilzeit, der andere Vollzeit? Beide Vollzeit oder beide Teilzeit? Oder die ersten Jahre ganz zu Hause bleiben? In der Theorie haben Mütter und Väter heutzutage viele Wahlmöglichkeiten, so viele wie nie zuvor. Das am häufigsten gewählte Modell: Der Vater arbeitet Vollzeit, die Mutter stundenweise oder auf halber Stelle (39 Prozent aller Elternpaare wählen dieses Modell). 17 Prozent der Mütter in Deutschland mit Kinder unter sechs Jahren setzen, so eine Allensbach-Studie aus dem Jahr 2015, für einige Zeit ganz mit dem Beruf aus. In 15 Prozent der Fälle arbeiten beide Eltern Vollzeit.

Die Frage, wann ihr euer Kind in die Betreuung gebt und wie lange ihr arbeiten wollt, müsst ihr selbst für euch und eure Situation beantworten. Vor dieser Frage steht wohl jede Familie und nicht immer haben Familien die Wahl. Denn was theoretisch möglich ist, können Eltern nicht immer auch genauso in der Praxis umzusetzen. Da sind die Chefs, die es nicht gerne sehen, wenn Väter auf Teilzeit reduzieren, und ihnen alle erdenklichen Steine in den Weg legen. Dasselbe bei Müttern – allem gesetzlichen Anspruch auf Teilzeit zum Trotz. »Sie wollen Teilzeit arbeiten? Dann haben wir einen Arbeitsplatz in unserer Filiale in der Nachbarstadt für Sie«, bot ein Vorgesetzter einer Bekannten »großzügig« an. Sie wäre mit Pendeln länger unterwegs gewesen als bei einer Vollzeitstelle in der Heimatstadt und entschied sich für eine um zwei Jahre längere Auszeit. Denn eine Vollzeitbetreuung für ihre Kinder kam für sie nicht in Frage. Damit ist sie kein Einzelfall. »Sie wollen nach dem Wiedereinstieg ihre Führungsposition beibehalten? Das geht nur Vollzeit, in Teilzeit hätten wir aber diesen Sachbearbeiterposten für Sie« – auch so ein Angebot, das nicht wenigen Müttern (und auch Vätern) bekannt ist. Theorie und Praxis sind ja bekanntlich immer so eine Sache.

So haben viele Mütter keine Wahl zwischen Teilzeit und Vollzeit. Nicht selten zwingt auch die finanzielle Lage Eltern dazu, so viele

Stunden wie möglich zu arbeiten. Auch das andere Beispiel kommt nicht selten vor: Eine Mutter würde gerne Vollzeit arbeiten, kann aber wegen der Betreuungszeiten des Kindergartens nicht. Denn um acht Stunden am Tag zu arbeiten, reicht ein Betreuungsplatz von 8 bis 16 Uhr nicht aus. Das Ding mit der Vereinbarkeit: in Deutschland meistens immer noch mit einem nicht unerheblichen Spagat verbunden.

Dazu kommt das permanent schlechte Gewissen, das vor allem Mütter quält. Man macht es bekanntlich nie allen recht. Irgendjemand meckert immer. Viele Mütter fühlen sich hin- und hergerissen zwischen Job und Familie – und müssen sich dann auch noch anhören, dass sie ihre Kinder in den Kindergarten »abschieben«. Oder aber das Gegenteil, sie seien eine »Glucke«, die ihre Kinder nicht »abgeben« könne.

Mama-Zitat

Mir war kurz nach der Geburt meiner Tochter klar, dass ich mit 35 Stunden wieder in meinen Beruf als Ingenieurin zurückkehre. Aber ich hätte nicht damit gerechnet, dass ich mich dabei so schlecht fühle. Meine Tochter ist jeden Tag acht Stunden in der Krippe, da ich einen langen Arbeitsweg habe. Ich habe jedes Mal ein schlechtes Gewissen, wenn ich wieder in letzter Minute in den Kindergarten komme. Dann will ich es uns besonders schön machen am Nachmittag. Stattdessen schreie ich sie ständig an, weil ich so kaputt von der Arbeit bin und sie völlig durch den Wind ist nach dem Kindergartentag. Aber wir müssen unser Haus abbezahlen; dass ich weniger Stunden arbeite, können wir uns einfach nicht leisten.

Ganztagsbetreuung schadet nicht

Dieses Gefühl der Zerrissenheit zwischen Familie und Beruf kennen wohl die meisten Mütter. Aber wir müssen kein schlechtes Gewissen haben, wenn wir unsere Kinder nach einer guten Eingewöhnung in die Betreuung geben. Zahlreiche Studien haben mittlerweile ergeben, dass eine gute Fremdbetreuung Kindern nicht schadet. Entscheidend sei dabei der Betreuungsschlüssel in der Einrichtung. Wobei die Forscher einer Studie der New Yorker Columbia-Universität empfehlen, Kinder das erste Lebensjahr über zu Hause zu betreuen. Die optimale Betreuungszeit liegt laut dieser Studie bei 30 Stunden in der Woche. Aber selbst wenn es mehr ist, müssen wir Mütter kein schlechtes Gewissen haben. Denn Mütter, die ihre Berufstätigkeit nicht aufgeben, sind einer anderen Studie zufolge im Durchschnitt zufriedener als die, die der Kinder wegen mehrere Jahre zu Hause bleiben. Diese Zufriedenheit führe zu einem ausgeglicheneren Erziehungsstil und einem harmonischen Familienleben – was wiederum die psychische und die schulische Entwicklung der Kinder fördere. Dazu kommt der durch das Einkommen der Mutter höhere finanzielle Spielraum der Familie, der positive Effekte auf das Aufwachsen und die Bildungschancen der Kinder hat (ja, auch in Deutschland hängt Bildungserfolg bekanntlich immer noch von der Einkommenssituation ab!).

Es geht also, wie schon im Kapitel zuvor erwähnt, nicht darum, mit unseren Kindern so viel Zeit wie möglich zu verbringen, sondern darum, die Zeit als echte Familienzeit zu gestalten. Was bringt einem Kind ein Sieben-Stunden-Nachmittag mit seiner Mutter, wenn die Mutter nebenher permanent E-Mails an den Chef schreibt oder auf WhatsApp oder Facebook surft? Psychologen haben außerdem herausgefunden, dass Mütter, die mit ihren Dreijährigen den ganzen Tag zu Hause sind, weniger intensive Spielzeit verbringen als diejenigen, die arbeiten gehen und nur den Nachmittag mit den Kindern verbringen.

Ich bin dazu übergegangen, in stressigen Zeiten, wenn es beruflich viel zu tun gibt, meine Kinder eine Stunde später aus dem Kindergarten abzuholen. Statt zwei wird es dann eben drei Uhr, manchmal sogar vier Uhr. Die Kinder spielen eine Stunde länger mit ihren Freunden und haben dafür dann eine Mutter, die den Kopf freihat und nicht in Gedanken ständig bei der Arbeit und den unerledigten Dingen auf dem Schreibtisch hängt. Wichtig ist es jedoch, nicht zu vergessen, dass die Zeit im Kindergarten für Kinder auch Stress bedeutet – und nicht nur reine Erholungs- und Spielzeit ist. Es ist eben nicht »nur spielen«, was unsere Kinder an einem Vormittag leisten, sondern auch mit einer Portion Anstrengung verbunden: kaum Rückzugsräume, ständiger Lärmpegel und viel Action. Deshalb sollten wir unseren Kindern regelmäßig Ferien gönnen und sie nach einem langen Tag im Kindergarten nicht auch noch mit Programm und Terminen überfrachten oder zumindest vor den Terminen eine Pause einlegen, in der die Kinder sich vom Kindergarten- oder Schultag erholen können.

Den Feierabend entrümpeln

Ihr wollt den Feierabend mit den Kindern genießen? Ohne Stress und Nörgelei? Dann müsst ihr als Erstes eines erledigen: den Feierabend entrümpeln! Minimalismus ist seit einiger Zeit der Trend in Sachen Einrichtung und gilt genauso auch für die Nachmittage mit Kindern. Denn es geht nicht darum, in der knappen Zeit so viel wie möglich mit den Kindern zu erleben oder den Kindern so viel wie möglich zu bieten. Es geht auch nicht darum, den Wettbewerb um das am saubersten geputzte Haus zu gewinnen. Sondern, wie schon erwähnt, darum, die Zeit qualitätsvoll zu nutzen. So zu nutzen, dass alle auf ihre Kosten kommen. So zu nutzen, dass das warme Familiengefühl, das Wir-Gefühl, aufkommt.

Hilfreich ist es beim Feierabendentrümpeln, die täglichen Stressfallen zu identifizieren. Dafür schreibt ihr einen typischen Tagesablauf für jeden Wochentag auf und überlegt:

- In welchen Momenten bin ich selbst gestresst?
- Was stresst mich davon am allermeisten?
- Wodurch äußert sich der Stress?
- In welchen Momenten sind meine Kinder gestresst?
- In welchen Momenten sind wir alle gestresst?
- In welchen Momenten bin ich besonders genervt?
- Was genau nervt mich in diesen Momenten?
- In welchen Momenten sind meine Kinder besonders anstrengend?
- Was macht sie so anstrengend in diesen Momenten?
- Auf welche Situationen oder Unternehmungen habe ich von vornherein schon keine Lust?
- Auf welche Unternehmungen haben meine Kinder keine Lust?
- Gibt es typische Stressfallen, in die ich immer wieder tappe?

Wenn ihr die typischen Stressfallen erkannt habt, dann überlegt im nächsten Schritt, ob es Alternativen gibt und wie ihr vermeiden könnt, in diese Stressfallen zu tappen.

Zum Beispiel: Es stresst mich jeden Nachmittag, dass mein Kind im Kindergarten beim Schuheanziehen so trödelt, dass wir danach zum Kinderturnen hetzen müssen. Oder zum Bus. Oder zur Verabredung. Oder zum Einkaufen. Da liegt die nächste Frage auf der Hand: Müssen wir eigentlich zum Kinderturnen? Kann man die Verabredung nicht um eine halbe Stunde verschieben?

Anderes Beispiel: Es nervt mich, dass mein Kind sich bei den Hausaufgaben nie richtig konzentriert und so dreimal so lange benötigt wie eigentlich vorgesehen. Im nächsten Schritt stellt sich die Frage: Wieso ist das Kind so unkonzentriert? Weil es sich direkt nach der Schule daransetzt und eine kleine Pause fehlt? Dann fügt eine Pause ein. Oder liegt es daran, dass die Hausaufgaben zu spät am Tag erledigt werden, zu einem Zeitpunkt, an dem das Kind schlicht zu müde ist, um noch konzentriert Matheaufgaben zu lösen? Dann überlegt bei der Nachmittagsplanung, die Hausaufgaben auf einen besseren Zeitpunkt zu legen. Wenn ihr wisst, wo die typischen Stressfallen lauern und was regelmäßig zu Gemecker und Gezeter führt, dann könnt ihr planen, wie man diese Stressfaktoren am besten meidet oder ganz beseitigt.

Bestandsaufnahme: Was ist verzichtbar?

Oft werdet ihr beim Identifizieren der Stressfaktoren feststellen: Weniger ist mehr – das gilt für das Familienleben genauso wie für das Einrichtungsdesign. Genauso wie es guttut, den Haushalt zu entrümpeln und Ballast abzuwerfen, tut es gut, den Nachmittag von überflüssigen Aktivitäten zu befreien.

Der nächste Schritt für ein Entrümpeln des Nachmittags ist eine Bestandsaufnahme der einzelnen Aktivitäten an den Nachmittagen unter der Woche. Für eine Übersicht eignet sich zum Beispiel ein Familienkalender, in dem man in Spalten die Termine der einzelnen Familienmitglieder eintragen kann. Dort sieht man auf einem Blick, welche Termine anstehen, und kann im nächsten Schritt zwischen regelmäßigen Terminen wie Kinderturnen und speziellen Terminen wie Arztbesuchen unterscheiden. Dabei helfen zum Beispiel farbige Markierungen, sodass diese Kategorien sofort sichtbar sind. Dann folgt – wie beim Kleiderschrankausmisten – die Beurteilung jedes einzelnen Termins:

- Um welche Termine kommt ihr nicht herum?
- Was ist verzichtbar?
- Was wird wirklich aus Leidenschaft gemacht?
- Was wird nur aus Pflichtgefühl gemacht?
- Welche Termine kann man zusammenlegen?
- Lassen sich die Termine anders legen, sodass die Fahrtzeit reduziert wird?
- Können die Kinder zum Beispiel einen gemeinsamen Fußballkurs belegen?
- Oder kann eine andere Mutter aus dem Kindergarten das eigene Kind zum Turnen bringen und ihr holt dafür im Gegenzug beide ab?
- Lassen sich Arztbesuche auch so planen, dass ihr nicht vom Kindergarten direkt in die Praxis hetzen müsst?

Ein Tipp für Arztbesuche: Überraschend oft ist auch ein Termin eine Viertelstunde später möglich. Nachfragen lohnt sich! Bei vorsehbaren Terminen wie U-Untersuchungen oder Zahnkontrollen solltet ihr so früh wie möglich um einen Termin bitten – dann habt ihr noch eine einigermaßen freie Auswahl.

Wie können Lösungen aussehen?

Wenn ihr feststellt, dass das Kinderturnen immer nur mit einer Rennerei vom Kindergarten zur Turnhalle verbunden ist, solltet ihr einmal nachschauen, ob es nicht auch andere Möglichkeiten gibt. Oft bieten verschiedene Sportvereine ganz ähnliche Kurse an. Gerade bei regelmäßigen Terminen ist es wichtig, ein Nachmittagsangebot zu finden, das ohne Stress zu erreichen ist. Denn niemand hat Lust, jeden Dienstag direkt nach dem Kindergarten im Laufschritt zur Turnhalle zu eilen und dort in letzter Minute den Umkleideraum zu erreichen. Die Vorfreude auf die Turnstunde ist gering, wenn sie jede Woche mit einer genervten Mutter verbunden ist, die beim Abholen im Kindergarten weder Zeit für einen Blick auf das neueste Kunstwerk hat noch kurz mal warten kann, weil noch schnell die letzte Schiene an die Eisenbahn gebaut werden muss.

Plant diese Termine besser mit genügend Luft ein und geht nicht von eurer Gehzeit aus, sondern realistischerweise von der Gehzeit mit Kindern, die bekanntlich viel länger sein kann. Ist der Termin nur mit Hetzerei oder nur mit eurer Erwachsenengehzeit erreichbar, dann sucht einen Alternativtermin, zu dem ihr mehr Luft habt. Besser regelmäßig eine Viertelstunde zu früh da sein und noch in Ruhe in der Bäckerei nebenan einen Kakao trinken oder auf dem Spielplatz um die Ecke ein bisschen toben, als jeden Montag schon morgens keine Lust auf das Motzen und Drängeln am Nachmittag zu haben.

Eines solltet ihr euch bei allen Kinderkursen fragen: Machen wir das, weil es unserem Kind Spaß bringt? Oder nur, weil wir denken, dass man »das halt so macht, weil es alle machen«? Oder weil wir unser Kind damit optimal fördern wollen? Dann lasst euch gesagt sein: Kinder brauchen keine Kurse, um bestmöglich auf die Schule oder das spätere Leben vorbereitet zu sein.

Kapitel 2
Kinder brauchen Zeit zum Spielen

Freies Spielen ist wichtiger als Förderkurse

Wir leben in einer Zeit des »Höher, schneller, weiter«. Und das gilt schon für unsere Kinder. Ja, auch schon für unsere Babys. Viele Eltern von heute wollen ihren Kindern die bestmöglichen Chancen für das Leben geben und sie optimal auf die Zukunft vorbereiten. Schon bei Babys sollen die Weichen für den schulischen, am besten gleich auch für den beruflichen Erfolg gestellt werden. Teilweise gewinnt man den Eindruck, als seien die eigenen Kinder »Projekte« ehrgeiziger Eltern, die an ihren Kindern das vollenden wollen, was sie selbst nicht geschafft haben. Nicht zuletzt die PISA-Studien haben diesen Förderwahn noch weiter angeheizt.

Da werden schon sechs Monate alte Babys zum Englischunterricht gebracht, denn sie sollen ja sehr aufnahmefähig sein in diesem Alter! Am nächsten Tag muss Klein-Sofie zur musikalischen Früherziehung (»Musik hat so positive Eigenschaften auf die Entwicklung«) und natürlich geht es auch einmal die Woche zum PEKiP, schließlich soll Klein-Sofie ja auch so früh wie möglich Drehen, Krabbeln und Laufen lernen. Viele Mütter machen diese Kurse auch aus Zeitvertreib, aus einem Gefühl der Einsamkeit heraus, um nicht nur alleine zu Hause zu sitzen und gelangweilt vom Rasselschwenken auf den Ehemann zu warten. Dabei bringt eine Krabbelgruppe mit befreundeten Eltern, bei der man die Babys einfach munter umherkrabbeln lässt, genauso viel wie ein PEKiP-Kurs.

Im Kleinkindalter geht es munter weiter mit der Förderei. Man will bloß kein Zeitfenster verpassen und außerdem der Nachbarsmutter in nichts nachstehen. Schon Kindergartenkinder haben heute nicht selten zwei, drei Kurse am Nachmittag, bei Schulkindern sind es oft noch mehr. Montags Fußball, dienstags Gitarrenunterricht, mittwochs Chor, donnerstags Töpfer-AG und am Freitag Tischtennis: Nicht selten ähnelt der Terminplan von Kindern der Agenda eines Top-Managers! Dabei sind diese Kurse gar nicht nötig, denn die beste Förderung, das haben mehrere Studien in verschiedenen Ländern ergeben, ist und bleibt das freie Spielen. Denn hier lernen Kinder all das, was sie zur Vorbereitung auf die Schule und das Leben brauchen.

Ganz ehrlich: Ein Dreijähriger braucht keinen Malunterricht. Wer einmal gesehen hat, wie fantasievoll Kinder malen, der weiß das. Wenn Kinder Spaß an Kreativität haben, dann gebt ihnen verschiedene Stifte oder Wasserfarben und Pinsel oder unterschiedliche Bastelmaterialien und lasst sie einfach machen! Schafft eine Umgebung, in der sich die Kinder selbst entfalten können, in der sie angeregt malen und kreativ tätig sein können – ohne Vorgaben und ohne das Korsett eines speziellen Kurses.

Natürlich ist es schön, wenn Kinder Musikinstrumente lernen, und keine Frage: Musik ist gut für die kindliche Entwicklung und kann sogar den Schulerfolg steigern. Ich selbst habe drei Instrumente gelernt (nacheinander, nicht parallel) und die gesamte Schulzeit über im Schulchor gesungen. Aber Eltern sollten sich immer fragen: Macht mein Kind es aus eigenem Antrieb heraus oder weil ich meine, dass mein Kind schon mit fünf Jahren Klavier lernen muss? Passt dieser Nachmittagskurs noch zu unserem Alltag? Und muss mein Kind gleich mit zwei Instrumenten einsteigen, reicht nicht erst einmal eines zum Schnuppern?

Egal ob Sport, Musik oder Malen: Bei allem, was die Kinder in ihrer Freizeit tun, sollte der Spaßfaktor im Vordergrund stehen und nicht die Überlegung, wie man sein Kind am besten fördern kann und ob der Kurs die Zukunftschancen des Kindes verbessert. Schon gar nicht sollte das Argument lauten: »Weil es alle so machen.«

Mama-Zitat

Seit wir alle Nachmittagskurse zusammengestrichen haben, sind wir alle entspannter und besser gelaunt. Und die Kinder sind tatsächlich seltener krank. Mein Großer hatte montags Kinderturnen, die Kleine mittwochs musikalische Früherziehung und am Donnerstag ihren Turnkurs. Als dann noch der Seepferdchenkurs meines Großen am Dienstag dazukam, waren wir eigentlich nur dabei, ständig mit dem Auto hin- und herzufahren. Als der Große dann endlich sein See-pferdchen hatte, habe ich die Kinder kurzerhand von ihren Kursen abgemeldet. Sie haben eh immer gemeckert und wollten oft gar nicht hin. Ich hatte sie dann immer gedrängt, denn, wenn man was macht, dann sollte man es richtig machen. Dachte ich. Heute treffen wir nach dem Kindergarten einfach Freunde, gehen auf den Spiel-platz oder spielen zu Hause. Fehlen tut uns eigentlich nichts.

Erfolg ist nicht alles im Leben

Wer sagt denn, dass unsere Kinder die Besten in der Schule sein müs-sen? Wer sagt, dass alle Kinder studieren müssen? Seit wann ist ein Befriedigend nicht mehr befriedigend und selbst ein Gut nicht mehr gut genug? Seit wann muss ein Kindergeburtstag ein Event sein? Seit wann müssen Mütter dreistöckige Einhorntorten zum Kindergarten-fest mitbringen?

Hört euch einmal in Kindergärten, auf Schulhöfen oder bei Baby-schwimmkursen um: Wieso berichten Eltern so oft nur von den »Er-folgen« der Kinder? »Mein Kind kann schon alleine schwimmen. Mein Kind kann toll Klavier spielen. Mein Kind kann auf Englisch bis zehn zählen. Mein Kind kann schon seinen Namen schreiben. Mein Kind wird schon mit fünfeinhalb eingeschult. Mein Baby krabbelt schon. Mein Baby kann schon laufen. Mein Kind hat in Mathe eine Eins. Mein Kind studiert Medizin.« Wieso hört man so selten Sätze wie »Mein

Kind kann ganz toll spielen« oder »Mein Kind hat Spaß daran, Häuser aus Lego zu bauen«?

Viele Kinder werden heutzutage von Anfang an auf Erfolg programmiert. Nicht wenige Eltern wollen ihr Kind früher einschulen oder es am liebsten eine Klasse überspringen lassen. Da werden Lehrer beim ersten Elterngespräch in der ersten Klasse gefragt, ob das Kind es auch ganz sicher einmal aufs Gymnasium schaffen wird. Dabei kommen Glück und Zufriedenheit nicht von schulischen Erfolgen. Und auch später sind es nicht die beruflichen Erfolge, die für ein erfülltes Leben sorgen.

Ebenso wichtig für das spätere Leben ist die Fähigkeit, mit Stress umzugehen, Freundschaften zu schließen, Resilienz zu entwickeln. Das sind die Stärken, die durchs Leben führen. Denn was nutzt es, ein Genie in den Naturwissenschaften zu sein, aber keine Freunde zu haben und nicht zu wissen, was zu tun ist, wenn man auf Probleme stößt? Übrigens: Die beruflichen Erfolge hängen auch nicht mit der Anzahl der Nachmittagskurse im Kindergartenalter zusammen!

Hört auf, eure Kinder zu vergleichen!

Jede Familie hat ihr eigenes Leben, jedes Kind sein eigenes Tempo, seine eigenen Stärken und Schwächen. Der Nachbarsjunge kann schon mit vier Jahren Rad fahren, während der eigene Sohnemann noch nicht mal am Laufradfahren Interesse zeigt? So what! Wer sagt denn, dass man mit vier Jahren allein Rad fahren muss? Wer das Vergleichen lässt, lebt zufriedener, mehr im eigenen Rhythmus. Und die Zufriedenheit von uns Eltern überträgt sich auch auf unsere Kinder. Was wiederum Stress und Streit minimiert und gut für den Familienfrieden und den Zusammenhalt in der Familie ist. Es geht darum, die Energie für das eigene Wohl einzusetzen, dafür, den eigenen Weg zu finden, und nicht darum, anderen nachzueifern und vermeintliche Ideale zu erfüllen.

Ganz abgesehen davon ist es nicht die Aufgabe unserer Kinder, Eltern ständig und überall zu gefallen und den Erwartungen zu entsprechen. Deshalb: Schluss mit dem Kritisieren und Hinweisen auf Schwächen. Viel mehr bringt es, die Stärken hervorzuheben. Das Kind ist zu schüchtern? Zu nachdenklich? Quatsch, es ist so, wie es ist. Ständiges Kritisieren wirkt sich negativ auf das Selbstbewusstsein des Kindes aus. Es sorgt für Sorgen, Ängste und Unsicherheit. Nicht zuletzt liegt es ja auch immer im Auge des Betrachters: Das Kind ist zurückhaltend? Nein, es beobachtet einfach nur sehr gut und konzentriert, bevor es sich einmischt, und überlegt, bevor es spricht.

Natürlich muss bei extremen Auffälligkeiten ein Experte zu Rate gezogen werden, am besten zunächst der Kinderarzt im Rahmen einer Vorsorgeuntersuchung. Aber keine Sorge, das Zeitfenster, in dem Kinder bestimmte Dinge können müssen, um altersgerecht entwickelt zu sein, ist sehr weit gefasst.

Selbstbewusstsein durch freies Spielen

Kinder brauchen Zeit zum Spielen. Zum freien, nicht angeleiteten Spielen. Durch das freie Spielen mit anderen Kindern nehmen unsere Kinder ganz andere Impulse auf als durch Erwachsene. Kindergartenkinder und Grundschulkinder schlüpfen beim Spielen in unterschiedliche Rollen und verleihen dabei Alltagsgegenständen eine neue Bedeutung. Da wird aus einem großen Pappkarton wahlweise eine Ritterburg oder ein Flugzeug – das fördert das abstrakte Denken, was später wichtig ist für das Erlernen der Grundrechenarten und der Naturwissenschaften, aber auch genauso für das Beherrschen von Fremdsprachen. Ganz abgesehen von der Fantasie, die durch solche Spiele angeregt wird. Ältere Kinder spielen gern Verstecken, was ihnen beispielsweise dabei hilft, sich in ihrer Umwelt zurechtzufinden und ein Gespür für die eigenen Proportionen zu entwickeln: »Nein, ich passe tatsächlich nicht hinters Sofa.«

Aber auch das angeleitete Spielen, zum Beispiel in der Form von Gesellschaftsspielen, unterstützt Kinder in ihren Alltagsfähigkeiten. Gesellschaftsspiele, die Kinder schon ab drei Jahren spielen können, helfen zum Beispiel dabei, Regeln zu lernen und zu akzeptieren und ein Gefühl für Wenn-dann-Reihenfolgen auszubilden. Ganz abgesehen davon, dass Kinder dadurch auch das Verlieren lernen. Selbst wenn der Weg dorthin mitunter schwerfällt!

Spielen kann noch mehr

Kinder suchen sich im freien Spiel aktiv die Anforderungen, die zu ihren Fähigkeiten passen, und lernen ihren eigenen Körper und ihre eigenen Möglichkeiten kennen. Das Spielen hilft ihnen auch, Stress zu regulieren und so mit schwierigen Situationen umzugehen. Wir können unsere Kinder nicht vor Stress schützen und ihnen alle Steine aus dem Weg räumen. Wir können sie aber dabei unterstützen, Probleme selbst zu lösen, indem wir ihnen vertrauen und sie auch einfach mal machen lassen. Kinder benötigen ihren eigenen Freiraum genauso wie unser elterliches Vertrauen.

Kinder lernen durch Nachahmen, durch das Dabeisein, durch das ständige Probieren und das Fehlermachen. Eben Letzteres müssen wir Eltern ihnen auch gestatten! Wenn wir unseren Kindern alles vormachen und sie nichts selbst ausprobieren dürfen, dann lernen sie nicht, wie man selbst Probleme löst. Sie lernen auch nicht das gute Gefühl kennen, aus eigener Kraft eine Herausforderung gemeistert zu haben. Das ist übrigens ganz im Sinne der italienischen Pädagogin Maria Montessori, nach deren Lehren die Erwachsenen eine beobachtende Rolle im Hintergrund einzunehmen haben und nur helfend einspringen sollten, wenn Kinder Hilfe benötigen.

Kinder bilden ihre Kompetenzen durch das Ausprobieren von Dingen, ganz besonders durch das eigenständige Ausprobieren und nicht durch das von Erwachsenen angeleitete Spiel. Sie lernen so auch, sich nicht immer auf die Erwachsenen zu verlassen, sondern eigenständige Lösungen zu entwickeln und zu erkennen, wann sie Hilfe benötigen. Dadurch gewinnen Kinder Selbstvertrauen. Wenn sie Herausforderungen aus eigener Kraft meistern, dann entwickeln sie ein gesundes Selbstwertgefühl, das ihnen durch das ganze Leben hilft. Außerdem entwickeln Kinder dadurch Kontrolle über sich selbst, sie erleben das Gefühl »Ich habe mein Leben selbst in der Hand«.

Menschen, die mit diesem Gefühl durchs Leben gehen, haben den Glauben an sich selbst und dass sie die Kontrolle über ihr Leben haben. Sie glauben daran, dass sie das, was ihnen passiert, aus eigenem Antrieb steuern können. Menschen, die diese Stärke nicht entwickeln, glauben, dass das Leben von äußeren Faktoren und vom Schicksal bestimmt ist. Studien zufolge haben Menschen mit diesem Charakter eine erhöhte Neigung zu Depressionen und Ängsten, sie fühlen sich häufig ausgeliefert und haben nicht das Gefühl, das Leben selbst in die Hand nehmen zu können.

Kindern zu helfen, etwas selbst zu tun und Probleme eigenständig zu lösen, ist also einer der Schlüssel dazu, aus ihnen starke Menschen zu machen. Wir Eltern können ihnen nun mal nicht alles abnehmen. Wir sollten unseren Kindern vertrauen, ihren Fähigkeiten vertrauen, denn nur so können sie auch lernen, ihren eigenen Fähigkeiten zu trauen. Das ist eine unserer wichtigsten Aufgaben als Eltern.

Den Spielflow zulassen

Wir Eltern sollten unsere Kinder also einfach mehr spielen lassen. Ohne Zeitdruck und Termin im Hinterkopf. Wir müssen ihnen die Möglichkeit geben, im Spiel zu versinken. Denn dieses Versinken ins Spiel, das Verschmelzen von Handlung und Bewusstsein, der so genannte »Flow«, ist wichtig für unsere Kinder. Doch dieses Flow-Gefühl entsteht nur, wenn wir Eltern unseren Kindern dazu auch die Gelegenheit geben und sie nicht immer wieder durch oft auch gut gemeinte Kommentare aus dem Flow reißen. Kinder brauchen Zeit, Raum und Ruhe, um im Spiel zu versinken. Schon ein von uns nur gut gemeintes »Baust du ein Flugzeug?« kann ein Kind aus diesem Zustand, aus dieser Art »Aktivitätsrausch« wieder herausreißen. Deshalb müssen wir lernen, unsere Kinder auch mal machen zu lassen. Ganz ohne schlechtes Gewissen können wir zur Zeitschrift greifen. Wenn unser Kind uns etwas zeigen möchte, unsere Aufmerksamkeit möchte, dann wird es uns das deutlich machen.

Wenn Eltern einem Kind ständig neue Angebote machen und Stille oder Langeweile immer wieder durch Animation unterbinden, dann wird das Kind nicht lernen, den Flow zu erreichen. Vergesst nicht: Wir Eltern sind nicht die Daueranimateure unserer Kinder. Kinder brauchen keine Dauerbespaßung! Das sagte auch der dänische Erziehungsexperte Jesper Juul in einem Interview in der Zeitschrift »Geo Wissen« im Jahr 2014: »Ein Kind braucht keine ständige Aufmerksamkeit, keines steht gern permanent im Mittelpunkt des Interesses, ein Kind braucht vor allem Beziehung.« Ein Kind wolle am Leben der Eltern teilhaben, weshalb es besser sei, mehr Aufmerksamkeit auf das eigene Handeln zu richten und weniger auf das Kind. Womit wir dann auch wieder bei dem Punkt wären, wieso es auch Quality Time ist, wenn man mit den Kindern gemeinsam Blumen umtopft oder das Auto in die Waschstraße fährt.

Freies Spielen fördern – so geht's

»Freies Spielen« hört sich so leicht an: einfach drauflosspielen – oder? Aber so oft ist das leichter gesagt als getan. Denn obwohl das Spielen in der Natur der Kinder liegt, gibt es in unserem durchgetakteten Alltag oft Hindernisse, die das freie Spielen und vor allem den viel zitierten Flow, das Versinken ins Spiel, erschweren. Viele dieser Hindernisse schaffen wir uns selbst. Doch mit ein paar Tipps könnt ihr das freie Spielen eurer Kinder unterstützen und ihnen damit auch helfen, den Spielflow zu erreichen.

Als Erstes brauchen Kinder, wie oben erwähnt, Zeit, um im Spiel zu versinken. Ständig auf dem Sprung zu sein, ist hinderlich. Viele Kinder müssen sich zum Beispiel erst an neue Umgebungen gewöhnen. Das Phänomen kennt ihr bestimmt auch: Erst brauchen die Kinder auf dem Spielplatz eine gefühlte Ewigkeit, um sich von euch zu lösen und loszuspielen, und dann wollen sie später nicht gehen – weil sie nach einer Weile an die Spielumgebung gewöhnt und ins Spiel versunken sind. Wenn wir unseren Kindern jedoch eben jene Zeit zum Gewöhnen nicht geben, sondern schon vor dem wirklichen »Ankommen« wieder zum Aufbruch drängen, dann nehmen wir ihnen auch die Chance, in den Flow zu finden. Deshalb sollten wir unseren Kindern immer genügend Zeit lassen, sich an neue Situationen zu gewöhnen und das Spielen zu entdecken.

Dabei müssen wir ihnen gar keine Anleitung zum Spielen geben. Um ins freie Spiel zu finden, benötigen Kinder keine Gebrauchsanweisungen und schon gar nicht das Vormachen von uns. Kinder wissen, wie man spielt – da können wir Eltern ihnen absolut vertrauen. Aber wenn wir sie immer anleiten, ihnen zeigen, wie man mit dem Puppenhaus oder der Feuerwache spielt, dann nehmen wir ihnen die Chance, eigene Ideen zu entwickeln, und bremsen sie in ihrer Fantasie. Das könnt ihr mir glauben: Kinder haben eine überbordende Fantasie! Dafür brauchen sie keine Hilfe von Erwachsenen. Durch das Spielen verarbeiten sie auch ihren Alltag, denn oft spielen sie Alltagssituationen nach, die sie erlebt haben.

Auch wenn ihr seht, dass eure Kinder gerade mit einem Problem kämpfen, zum Beispiel sich der Legoturm nicht so bauen lässt, wie sie es wollen, und umzukippen droht: nicht einschreiten, solange sie euch nicht um Hilfe bitten. Wie bereits erwähnt: Nur so lernen Kinder, eigene Lösungsstrategien zu entwickeln und ebenso mit Frustration umzugehen. Denn auch das muss gelernt werden und gehört zum Leben dazu. Das Beste, was wir Eltern für unsere Kinder tun können, ist, sie so zu begleiten, dass sie ihre Probleme selbst lösen können und wissen: »Wenn es wirklich nicht geht, sind meine Eltern da, um mich zu unterstützen.«

Ebenfalls förderlich für das freie Spielen ist eine Umgebung, die zum Spielen und Entdecken einlädt: verschiedene Materialien, verschiedene Spielzeuge, verschiedene Alltagsgegenstände, die zum Spielen benutzt werden dürfen. Nicht zu viel und nicht zu wenig: kein klinisch steriler Raum, aber auch keine übervollen Regale voller Spielzeug. Auch wenn Kinder meistens zu der Spezies »Jäger und Sammler« gehören und kaum ein Spielzeug aussortieren wollen – weniger ist mehr! Ich weiß, das Prinzip ist im Kinderzimmer schwer durchzusetzen, bei uns klappt es auch nicht immer. Aber regelmäßig Spielzeug auszusortieren, wenn neues hinzukommt, verhindert, dass die Kinder vor lauter Spielangeboten total überfordert sind.

Mama-Zitat

Ich habe mich immer gewundert, wieso meine Tochter solche Schwierigkeiten hat, sich länger mit einer Sache zu beschäftigen. Sie hat so tolle Spielsachen – aber immer ist ihr langweilig und sie weiß nicht, was sie machen soll. Und wenn sie etwas anfängt, dann wird ihr gleich wieder langweilig. Bis ich das Chaos in ihrem Zimmer einfach nicht mehr sehen konnte und gnadenlos aussortiert habe. Es war einfach viel zu viel Spielzeug. Nun hat sie weniger und das Spielen klappt viel besser als früher! Damit es so bleibt, haben wir die Regel eingeführt: Immer wenn etwas Neues hinzukommt, muss etwas Altes dafür aussortiert werden. Es muss nicht gleich auf dem Flohmarkt verkauft werden, sondern kommt erst einmal in den Keller, falls sie doch noch einmal Lust darauf hat.

Außerdem wichtig, um ins freie Spiel zu finden: den Kindern Platz zum Toben, Ausbreiten und Unordnungmachen lassen. Ja, Kinder haben die Gabe, innerhalb kürzester Zeit ein aufgeräumtes Kinderzimmer in ein unglaubliches Chaos zu verwandeln! Aber wir Eltern sollten unsere Kinder einfach machen lassen und der Versuchung widerstehen, während des Spielens ständig hinter ihnen herzuräumen. Nichts unterbricht zuverlässiger den Spielflow als eine Ermahnung wie »Nicht die ganze Kiste auskippen!«

Gemeinsames Spielen

Auch wenn das freie Spielen wichtig für die Entwicklung unserer Kinder ist: Wir dürfen das gemeinsame Spielen nicht vergessen. Denn gemeinsames Spielen als Familie stärkt die Beziehung – ganz abgesehen davon, dass es jede Menge Spaß bringt! Was Kinder vor allem von ihren Eltern brauchen, ist Zeit. Kinder wollen ihre Eltern ohne tickende Uhr erleben. Sie wollen Zeit mit den Eltern ohne Stress und Druck, ohne ein »In zehn Minuten müssen wir aber zum Ballett« im Hinterkopf. Die gemeinsamen Stunden mit den Eltern fördern das Gefühl der sicheren Bindung, das Gefühl, hier und jetzt willkommen zu sein. Beim gemeinsamen Spielen sehen Eltern die Fähigkeiten und Stärken des Kindes, während beim Fördern der Leistungsdruck und eher die Schwächen der Kinder im Vordergrund stehen – was wiederum der Eltern-Kind-Beziehung die Leichtigkeit nimmt. Was selbstverständlich erscheint, haben übrigens auch verschiedene Studien bewiesen: Gemeinsames Spiel fördert das Wir-Gefühl in der Familie und macht Kinder stark.

Deshalb gilt es, die richtige Balance zwischen dem freien Spiel der Kinder und gemeinsamen Spielaktivitäten zu finden. Wir müssen die richtige Mischung finden aus ritualisierter gemeinsamer Zeit und selbstbestimmter Zeit, denn mit zunehmendem Alter wollen Kinder immer mehr allein unternehmen und sich so von den Eltern abgrenzen. Dazu gehört auch, sich zu distanzieren und Grenzen auszutesten. Diese Freiräume brauchen sie für ihre Entwicklung. Wichtig ist dabei, dass sie immer wissen: Zu Hause ist mein sicherer Hafen. Fixpunkte wie ein gemeinsames Abendessen oder Frühstück am Wochenende sind deshalb gerade für Heranwachsende wichtig, um dieses Gefühl der Familienzusammengehörigkeit zu erleben. Um auch älteren Kindern und Jugendlichen das Gefühl und die Sicherheit (die sie trotz ihres Freiheitsdranges brauchen) zu geben, ist es wichtig, solche Fixpunkte weiter konsequent anzubieten, auch wenn Eltern das Gefühl haben, dass die Heranwachsenden darauf keinen Wert mehr legen.

Ab an die frische Luft!

Wenn euch das alltägliche Chaos im Kinderzimmer zu viel ist, dann verlagert doch einen Großteil des Spiels nach draußen. Draußen spielen hat nämlich nicht nur den Vorteil, dass das Haus zumindest vorübergehend ordentlich bleibt. Toben und Spielen an der frischen Luft stärkt auch das Immunsystem, kräftigt die Lungen und ist für die Entwicklung der Augen besser. Egal bei welchem Wetter! Wer sich oft in geschlossenen Räumen und bei künstlichem Licht aufhält, hat nämlich nachgewiesenermaßen ein höheres Risiko, eine Kurzsichtigkeit zu entwickeln. Selbst ein bedeckter Wintertag liefert mehr Licht als ein Nachmittag im hell ausgeleuchteten Zimmer: 3 000 bis 4 000 Lux erreicht sogar ein dunkler Tag im Winter, während drinnen nur ein Zehntel dessen erreicht wird. Dabei stärkt das Sonnenlicht, auch das, das durch die Wolken fällt, das vegetative Nervensystem. Bei der Kombination von Licht und Bewegung werden übrigens körpereigene Muntermacher ausgeschüttet, die auch gute Laune machen. Abgesehen davon, dass die Luft draußen sauerstoffreicher ist als in geschlossenen Räumen – da können wir noch so oft lüften.

Also, so oft es geht: ab ins Freie! Natürlich ist ein Waldspaziergang super, aber nicht für jeden ist der Wald an einem normalen Nachmittag unter der Woche mal so eben schnell zu erreichen. Auch der große tolle Abenteuerspielplatz muss es nicht sein. Wenn man extra eine halbe Stunde Auto fahren muss, um ein Spielziel zu erreichen, dann stresst das nur zusätzlich. Zum Spielen im Freien kann es genauso gut der eigene Garten sein, der kleine Spielplatz in der Nachbarschaft, ein Hinterhof, ein Park. Wer keinen eigenen Garten hat, muss kein schlechtes Gewissen haben und unbedingt aufs Land ziehen: Kinder spielen am besten mit anderen Kindern statt allein.

Spielen am besten mit anderen Kindern

Um das Lernen durchs freie Spiel zu fördern, solltet ihr die Kinder möglichst viel mit anderen Kindern spielen lassen. Das können Geschwisterkinder sein, Freunde, Nachbarskinder oder auch fremde Kinder auf dem Spielplatz. Kinder lernen am besten von anderen Kindern – und zwar möglichst unterschiedlichen Alters. Sie lernen neue Fähigkeiten von Älteren (und ja, auch Schimpfwörter, aber das gehört zum Großwerden dazu). Sie lernen, sich um Kleinere zu kümmern und ihnen etwas zu erklären. Sie lernen, Rücksicht zu nehmen und soziale Regeln zu akzeptieren, und sie üben, Konflikte eigenständig zu lösen. Weshalb wir Eltern übrigens auch nicht bei jedem Streit unter Kindern sofort eingreifen sollten, sondern erst einmal beobachtend abwarten sollten, ob es den Kindern gelingt, das Problem selbst zu lösen.

Selbst wenn unsere Kinder ein wenig herumbalgen, sollten wir nicht gleich einschreiten. Durch das spielerische Balgen lernen Kinder, Grenzen anderer und eigene Grenzen zu erkennen, sie lernen, wann es anderen zu viel wird, und sie lernen auch, ihre eigene Kraft einzuschätzen. Das stärkt nachweislich die soziale Intelligenz. Wenn also Geschwister oder Kumpel spielerisch ihre Kräfte messen, fördert das unter anderem die emotionale Gesundheit. Kinder lernen so auch Selbstkontrolle und Selbstregulation. Auch wenn es in den Fingern juckt, sollten wir also nicht jeden Streit sofort beenden. Aber selbstverständlich sollten wir sofort Grenzen aufzeigen, wenn jemand ernsthaft verletzt wird oder jemand andere dominiert oder herabsetzt!

Noch etwas unterstützt das freie Spielen: elektronische Geräte außer Reichweite zu verbannen. Das Handy, der Fernseher, das Tablet, der Computer und die Playstation sollten ausgeschaltet und am besten nicht im Spielzimmer präsent sein. Das gilt übrigens auch für uns Eltern. Ihr kennt es bestimmt auch: Das Kind spielt wunderbar allein, aber kaum zücken wir unser Smartphone, unterbricht das Kind das Spiel und kann sich nicht mehr selbst beschäftigen. Dieses Phänomen habe ich bei meinen drei Kindern beobachtet und erlebe es immer wieder auf dem Spielplatz.

Kapitel 3
Smartphone und Medienkonsum:
Wie viel ist zu viel?

Wie gut, dass es das Smartphone gibt!

Ich gebe es offen zu: Ich kann mir das Smartphone aus dem Alltag nicht mehr wegdenken. Es gehört einfach dazu und es erleichtert den Alltag um einiges. Ich habe es häufig in der Hand, wahrscheinlich viel zu häufig, auch in Anwesenheit meiner Kinder. Ohne das Smartphone wären mein Beruf als freiberufliche Journalistin und drei kleine Kinder um einiges schwerer zu vereinbaren. Ich kann auf dem Spielplatz wichtige E-Mails beantworten und Fotos bearbeiten. Das Handy ist zu meinem kleinen tragbaren Büro geworden.

Ich bin nicht die Einzige, die diese Vorteile genießt. Dank des Smartphones ist es vielen Müttern überhaupt erst möglich, früher Feierabend zu machen, wenn der Kindergarten darum bittet, das spuckende Kind abzuholen. Nicht wenige Chefs genehmigen die Teilzeit nur unter der Bedingung, dass man auch nachmittags unkompliziert zu erreichen ist. Die Vereinbarkeit wird durch das Handy erleichtert, teilweise erst überhaupt möglich gemacht.

Und auch ansonsten erleichtert dieses kleine tragbare Gerät den Alltag ungemein. Termine und Einkaufsliste auf einem Blick, mal eben schnell die Adresse des neuen Kinderarztes oder des Kindergartenfreundes gesucht – und nicht zu vergessen die Kinder-Apps, mit denen man Kinder in manchen Situationen einfach wunderbar beschäftigen kann ... Ja, das Smartphone macht uns vieles einfacher. Und es ist furchtbar praktisch. Aber: Das Smartphone macht auch süchtig.

Vorsicht: Suchtgefahr!

Egal, ob man will oder nicht: Man entwickelt mit der Zeit diese Angst, etwas zu verpassen. Gerade die sozialen Medien sind daran nicht ganz unschuldig. Kennt ihr es nicht auch? Da steht man an der Supermarktkasse und wartet und schon, ehe man sich versieht, hat man das Handy gezückt. Die Handbewegung erfolgt automatisch, reflexhaft. Nur mal schnell nachschauen, ob es was Neues gibt ... ein paar Herzchen in den sozialen Medien verteilen und kurz überprüfen, ob man selbst vielleicht auch ein paar abbekommen hat. Das Smartphone befriedigt unser Belohnungssystem – so versuchen Verhaltensforscher die Faszination des Smartphones zu erklären.

Doch eben dieses kleine Gerät führt dazu, dass sich unsere Kinder vernachlässigt fühlen, besagen unterschiedliche Studien aus Norwegen, Schweden und Deutschland. In Norwegen gaben elf Prozent der befragten Kinder an, sich von ihren Eltern wegen des mobilen Internets vernachlässigt zu fühlen. In einer Studie des Unternehmens AVG in Deutschland sagte mehr als die Hälfte der befragten Jungen und Mädchen, dass ihre Eltern sich zu viel mit dem Handy beschäftigten. Ein Drittel von in Schweden befragten Kindern gab an, sich unwichtig zu fühlen, wenn die Eltern am Smartphone hängen.

Kinder-Zitat

> Mama sagt immer, dass sie so gerne mit mir puzzelt. Aber das glaube ich ihr nicht. In Wirklichkeit guckt sie die ganze Zeit auf ihr Handy und ich muss alles alleine machen. Das finde ich blöd. Ich habe das Handy schon mal versteckt, damit sie nicht dauernd draufguckt.

Wer immerzu auf sein Telefon schaut und dann auch noch zu seinem Kind Sätze sagt wie »Gleich Schatz, ich muss nur noch mal schnell …«, bevor der Blick auf das frisch gemalte Kunstwerk des Nachwuchses gelenkt wird, signalisiert dem Kind: »Das Handy ist wichtiger als du. Das Handy darf alles. Das Handy darf unser Gespräch stören. Das Handy ist wichtiger als dein Bild und das, was du erzählen willst.« Und umgekehrt: »Du musst warten und darfst nicht meine Beziehung zum Handy stören.« Ist es da verwunderlich, wenn Kinder sagen, dass sie eifersüchtig auf das Smartphone der Eltern sind?!

Natürlich müssen Kinder lernen, auch mal einen Augenblick zu warten und sich zurückzunehmen. Mit zunehmendem Alter verstehen sie auch immer besser, kurz zu warten, und wissen: »Wenn Mama sagt, dass sie gleich für mich da ist, dann ist sie das auch.« Umso wichtiger ist es, dass wir dann auch wirklich nach der versprochenen Weile ganz für unsere Kinder da sind und uns an das halten, was wir versprechen. Dabei gilt: nicht den Blickkontakt zu den Kindern zu verlieren! Denn je jünger Kinder sind, umso mehr Blickkontakt und Rückversicherung mit ihren Eltern benötigen sie, um eine sichere Bindung aufzubauen. Sie brauchen diese Rückversicherung durch uns, das Spiegeln von Gefühlen. Das ist besonders für Babys wichtig.

Sind Handys anders als Bücher?

Darüber streiten sich die Geister. Ich selbst schaue auch auf dem Spielplatz ab und zu auf mein Telefon. Lese einen Zeitschriftenartikel online, wenn meine Kinder ins Spiel vertieft sind. Ist das anders, als in einer Zeitschrift zu lesen? In diesem direkten Vergleich wohl nicht. Aber der entscheidende Unterschied zwischen dem Smartphone und einer Zeitschrift oder einem Buch ist: Ein Handy nimmt uns mehr gefangen. Ein Buch liegt herum und wenn es geschlossen ist, pausiert die Geschichte, dann geht die Handlung nicht einfach weiter. Aber das Handy piepst und vibriert. Selbst wenn es auf lautlos gestellt ist, leuchtet es auf und erinnert uns durch seine bloße Anwesenheit daran, dass wir etwas verpassen könnten. Denn die digitale Welt unseres Smartphones dreht sich immer weiter: Immer neue Nachrichten trudeln ein, neue Fotos im Instagram-Feed, neue Statusmitteilungen in der WhatsApp-Gruppe. So haben wir leicht das Gefühl, etwas zu verpassen. Die Smartphone-Welt lässt sich nicht wie eine Geschichte einfach beiseitelegen und wartet auch nicht brav mit der Fortsetzung wie das Buch, das über Nacht auf dem Nachtisch liegt. Die digitale Welt macht einfach keine Pause.

Aber Hand aufs Herz: Was verpassen wir denn Wichtiges, wenn wir eine Zeitlang nicht online sind? Wer einmal einen Tag oder auch nur einige Stunden offline war, vielleicht auch unfreiwillig, weil er das Handy vergessen hat, der stellt fest: Wir verpassen nichts. Wir denken nur, dass wir etwas verpassen.

Eltern als Vorbilder beim digitalen Konsum

Mama-Zitat

Meine 12-jährige Tochter macht mich verrückt! Sie ist süchtig nach ihrem Smartphone. Sie geht keinen Meter ohne ihr Telefon. Beim Abendessen liegt es neben ihrem Teller und ständig tippt sie Nachrichten. Sie nimmt es mit ins Bad und mit ins Bett. Wenn wir die Großeltern besuchen, sitzt sie in einer Ecke und ständig piept ihr Telefon, sie ist gar nicht ansprechbar. Egal, was wir versucht haben, wir bekommen es nicht in den Griff. Wir haben geschimpft, wir haben ein Handyverbot eingeführt, wir haben ein neues WLAN-Passwort vergeben. Es hat nichts gebracht. Sie sagt immer, sie braucht ihr Handy, und zickt nur rum. Außerdem behauptet sie, dass mein Mann und ich auch dauernd auf das Telefon gucken. Aber das ist doch etwas ganz anderes, wir brauchen das doch zum Arbeiten.

Was ist denn nun der »richtige« Umgang mit dem Smartphone? Beim Smartphone scheinen wir Erwachsene viel zu oft das gute Benehmen zu vergessen. Was zählt beim Umgang mit digitalen Medien (und das gilt auch für den Fernseher, den Computer oder die Spielkonsole), ist das richtige Maß. Wir Eltern dürfen nicht vergessen: Wir sind in Sachen Handykonsum Vorbilder für unsere Kinder. Kinder lernen durch Nachahmen viel besser als durch alle Ermahnungen. Wenn wir selbst ständig vor der Glotze hängen, uns wie ein Ertrinkender am Smartphone festklammern und bei jedem Pieps sofort draufschauen – wie sollen unsere Kinder denn da den richtigen Umgang mit den digitalen Medien lernen? Dann müssen wir uns nicht wundern, wenn schon kleine Kinder ständig wollen, dass wir für sie den Kinderkanal einschalten, oder unsere größeren Kinder das Handy selbst beim Essen nicht weglegen und kein Gespräch mit uns führen können, ohne bei jedem zweiten Satz auf das blinkende Display zu schauen.

Kinder ahmen uns Erwachsene nach. Bewusst und unbewusst. Einem Kind Bitte- und Danke-Sagen beizubringen, funktioniert durch gutes Vorbildsein sehr viel besser, stressfreier und nachhaltiger als durch ständiges Ermahnen und das ewige Mantra »Wie heißt das Zauberwort?«. Zudem spart man sich viele Nerven und schont die Stimme, da man weniger schimpfen muss. Der Weg ist vielleicht etwas länger als beim »Andressieren« des Bedankens – aber dafür wird es länger anhalten und vor allem nicht von negativen Assoziationen wie »Meine Mutter hat immer geschimpft, wenn ich nicht Bitte gesagt habe« geprägt sein. Und genau dieser Mechanismus gilt auch für den Umgang mit dem Smartphone, dem Fernseher und den digitalen Medien!

Wie ernst nehmen unsere Kinder die Ermahnung, nicht ständig am Handy zu kleben, wenn wir Eltern es selbst tun? Wenn wir womöglich, während wir das sagen, auch noch selbst aufs Display starren? Das bedeutet also: Wir Eltern müssen unsere Handysucht in den Griff bekommen, um die Handysucht unserer Kinder in den Griff zu bekommen. Dazu gehört eine große Portion Selbstdisziplin. Davon nehme ich mich nicht aus, ich kenne das nur zu gut, dieses Drängen nach »mal eben schnell nachschauen, ob es was Neues gibt« und diesen automatischen Griff nach dem Smartphone. Eben dieses (oft unbewusste) Drängen müssen wir unter Kontrolle bekommen. Das funktioniert am besten mit handyfreien Zonen.

Handyfreie Zonen einführen

Handyfreie Zonen sollten immer die Momente sein, in denen wir als Familie zusammenkommen und aktiv zusammen sind: gemeinsam etwas unternehmen, gemeinsam essen, gemeinsam etwas spielen oder einander etwas erzählen.

Bei solchen bewusst gemeinsam genossenen Aktivitäten sollten wir unseren Kindern ungestörte Aufmerksamkeit zeigen. Das gilt für das gemeinsame Brettspiel genauso wie für den Waldspaziergang (hier kann man natürlich für Fotos eine Ausnahme machen, das verstehen Kinder). Das gilt genauso für das Abholen vom Kindergarten oder von der Schule, wo wir mit unserer ungeteilten Aufmerksamkeit für unsere Kinder da sein sollten. Nicht umsonst hängen in vielen Kindergärten und Schulen mittlerweile Schilder, die darum bitten, das Handy wegzustecken. Gerade diese Übergänge am Tag sollten bewusst gestaltet werden, Genaueres dazu führe ich in Kapitel »Volle Aufmerksamkeit bei jedem Übergang« (S. 84) aus. Ebenso sollten wir unsere Antennen auf unsere Kinder ausrichten und wirklich für sie da sein, wenn sie sich Kummer, Ärger oder auch Freude von der Seele reden wollen – und in diesen Augenblicken das Smartphone links liegen lassen. Wenn unsere Kinder uns brauchen, dann sind wir für sie da – voll und ganz.

Mal im Ernst: Da sitzen wir und herzen Bilder von süßen Babys auf Instagram, während das süßeste Baby der Welt, nämlich unser eigenes, direkt vor uns spielt. Wie absurd ist das bitte?! Diese Absurdität sollten wir uns häufiger vor Augen führen, wenn wir mal wieder den Drang verspüren, in den Tiefen der sozialen Medien zu versinken.

Eine der wichtigsten handyfreien Zonen sollte das gemeinsame Essen sein. Dieser Zeitpunkt, zu dem die Familie zusammen am Tisch sitzt und isst, sollte etwas Besonderes sein. Das ist einer dieser Momente, die nur der Familie gehören und nicht dem Handy oder dem Fernseher. Über die Bedeutung der gemeinsamen Mahlzeit und wie man sie am besten stressfrei gestaltet (denn, oh ja, gemeinsame Mahlzeiten haben viele, viele Stress- und Streitfallen!) werde ich in Kapitel »Wohlfühlatmosphäre statt Gemecker« (S. 129) noch Genaueres schreiben. Der erste Schritt zu einer stressfreien gemeinsamen Mahlzeit ist das Verzichten auf digitale Endgeräte. Von klein auf sollten wir unsere Kinder an diese handyfreie Umgebung gewöhnen. Auch wenn wir denken: »Unser einjähriges Kind versteht es doch noch gar nicht, wenn ich ab und an beim Essen aufs Smartphone schaue.« Denn das Kind versteht es sehr wohl. Gerade kleine Kinder brauchen die Aufmerksamkeit und den Blickkontakt, die oben beschriebene Rückversicherung zum Bindungsaufbau. Ganz abgesehen davon, dass sich lästige Angewohnheiten nur schwer wieder abgewöhnen lassen.

Achtet deshalb von Anfang an auf handyfreie Zonen im Familienleben. Dazu solltet ihr am besten Familienregeln aufstellen. Das sind Regeln, an die sich die gesamte Familie zu halten hat und die von allen Familienmitgliedern gemeinsam »ratifiziert« werden. Wenn ihr diese Regeln gemeinsam und demokratisch aufsetzt, sind sie nicht nur verbindlicher, sondern werden auch eher akzeptiert – und umso selbstverständlicher halten sich alle Familienmitglieder daran.

Ausnahmen bestätigen die Regel

Natürlich gibt es Ausnahmen. Natürlich gibt es Tage, an denen wir einen wichtigen Anruf oder eine wichtige geschäftliche E-Mail erwarten. An denen wir Arbeit mit nach Hause nehmen und nachmittags noch etwas erledigen müssen. Ich selbst muss beruflich immer mal wieder auf mein Telefon gucken, E-Mails beantworten und manchmal auch kurzfristig reagieren. Das bringt die Freiberuflichkeit mit sich – bei allen Vorteilen. Dennoch versuche ich an den Nachmittagen, mein Smartphone so weit wie möglich außer Reichweite zu legen, wenn ich nicht gerade weiß, dass eine E-Mail eintrudeln kann, die eine sofortige Bearbeitung erfordert. In solchen Fällen kündige ich es meinen Kindern an: »Ich warte auf eine Rückmeldung und muss deshalb häufiger aufs Handy schauen und eventuell später noch mal telefonieren.« Und dann sage ich: »Ich telefoniere mal eben, danach bin ich aber ganz für euch da.« Das verstehen Kinder. Sogar schon Dreijährige. Und sie beschäftigen sich dann tapfer eine halbe Stunde allein, denn sie wissen: Danach hilft mir Mama beim Puzzle.

Wir sollten alles, was wir tun, von ganzem Herzen tun. Ganz für unser Kind da sein. Ganz für die Arbeit da sein. Besser sich eine halbe Stunde voll und ganz auf das Mensch-ärgere-dich-nicht-Spiel konzentrieren als eine ganze Stunde voller Unterbrechungen, weil man ständig aufs Handy starrt. Dass wir nicht bei der Sache sind, bemerken nämlich auch schon kleine Kinder. In solchen Momenten reagieren sie meistens mit eben jenem Verhalten, das uns die Nerven raubt und zur Meckermutti mutieren lässt: Sie trotzen, sie hauen, sie sagen Schimpfwörter oder streiten sich mit der Schwester. Ehe man sich versieht, ist man drin in dem Kreislauf aus Meckern und Streiten und kommt so schnell nicht wieder heraus. Der Auslöser? Unsere verdammte Handysucht!

Die richtige Dosis beim Fernsehen

Fernseher sollten nicht den ganzen Tag laufen, schon gar nicht als Hintergrundrauschen beim Essen. Klar, gibt es Ausnahmen – diese sollten dann aber auch entsprechend zelebriert werden. Wenn ihr zum Beispiel gemeinsam beim Lieferservice eine Pizza bestellt und während des Essens einen besonderen Kinderfilm zusammen schaut, ist das – wenn es nicht zur Regel wird – für Kinder ein besonderes Erlebnis. Das fällt dann wieder unter gemeinsame Familienzeit.

Ihr solltet dem Fernseher grundsätzlich keinen zu hohen Stellenwert einräumen. Er sollte auch nicht als Strafe oder Belohnung eingesetzt werden – denn das verleiht ihm zu viel Macht, zu viel Bedeutung. Richtet euren Tagesablauf nicht nach dem Fernseher aus. Natürlich gibt es auch hier wieder Ausnahmen: Wenn ihr am Abend der Bundestagswahl gemeinsam um 18 Uhr die erste Hochrechnung anschaut, ist das ein besonderer Anlass zum Fernsehen, der Kindern übrigens schon früh ein politisches Interesse vermittelt. Ähnliches gilt zum Beispiel für das Endspiel der Fußballweltmeisterschaft oder andere große Events.

Auch beim Fernsehkonsum gilt: Die Dosis macht's. Je älter die Kinder sind, umso länger dürfen sie fernsehen. Die allgemeinen Empfehlungen der Bundeszentrale für gesundheitliche Aufklärung lauten für Drei- bis Fünfjährige ungefähr 30 Minuten täglich, für Fünf- und Sechsjährige nicht mehr als 45 Minuten am Tag, für Sieben- bis Neunjährige nicht mehr als fünf Stunden über die Woche verteilt. Mehr als eine Stunde täglich sollte es in dieser Altersgruppe aber auch nicht sein. Natürlich gibt es Ausnahmen: Bei Krankheit oder in den Ferien oder an Filmnachmittagen kann es auch einmal der 90 Minuten lange Kinderfilm sein. Das solltet ihr dann aber auch den Kindern gegenüber als Ausnahme klar benennen.

Unter drei Jahren sollten Kinder gar nicht fernsehen, auch das Tablet oder Smartphone sollten in dem Alter nicht zur Beschäftigung dienen. Erst ab drei Jahren sind Kinder überhaupt in der Lage, kurze Geschichten zu verstehen und eine längere und komplexere Handlung zu verfolgen – das gilt übrigens auch für Bücher. Jüngere Kinder können die meisten Kindersendungen deshalb gar nicht richtig verarbeiten. Für Dreijährige sollten aus diesem Grund die Fernseheinheiten nicht länger als zehn bis 15 Minuten sein. Kleine Filmchen wie »Unser Sandmännchen« sind für den Anfang gut geeignet. Erst ab ungefähr vier Jahren können Kinder zwischen dem Bild auf dem Fernseher und der Wirklichkeit unterscheiden.

Was dürfen Kinder im Fernsehen anschauen?

Wir Eltern sollten im Blick haben, was unser Nachwuchs schaut. Sie einfach nur vor den Kinderkanal zu setzen, ist meist keine gute Idee. Denn dort laufen zwar Kindersendungen – aber sie richten sich an völlig unterschiedliche Altersklassen. Es gibt Kindersendungen für Dreijährige und solche für Achtjährige. Nur weil es ein Kinderfilm ist, ist ein Film nicht für alle Kinder geeignet. Manche so genannten Kindersendungen lassen einem die Haare zu Berge stehen, ganz ehrlich! Deshalb ist es besser, feste Sendungen herauszusuchen, eine DVD einzulegen, deren Inhalt man kennt, oder die Kinder bei YouTube eine bestimmte Serie gucken zu lassen (aber hier aufpassen mit den nicht immer kindgerechten Werbeeinblendungen). Neue Filme oder Serien solltet ihr zunächst ganz bewusst mit euren Kindern zusammen anschauen, um zu wissen, was die Kinder sehen und was sie bewegt.

Auch vom Fernsehen können Kinder lernen. Zum Beispiel lernen sie durch ihre Vorbilder in den Lieblingsserien, wie man Probleme löst und sich gegenseitig hilft oder andere tröstet. Es gibt gut gemachte Wissenssendungen, die die Welt kindgerecht und anschaulich erklären. Das Fernsehprogramm muss außerdem nicht immer das Prädikat »pädagogisch wertvoll« tragen: Genau wie Erwachsene wollen auch Kinder manchmal einfach unterhalten werden. Und genau wie bei uns Großen ist das auch für die Kleinen absolut in Ordnung. Das gilt übrigens auch für Bücher, die auch einfach »nur« unterhalten dürfen. Wir Großen lesen ja auch nicht nur Thomas Mann und Goethe, sondern auch Krimis oder Liebesromane, die nur der Unterhaltung dienen.

Was wir nicht vergessen sollten: Filme sind keine Babysitter. Sich regelmäßig den gesamten Nachmittag mit Hilfe des Kinderkanals frei-zuschaufeln, ist keine gute Idee. Selbst wenn man neben dem Sohne-mann sitzt und nebenher liest, fällt das nicht unter gemeinsam ver-brachte Qualitätszeit. Trotzdem müsst ihr kein schlechtes Gewissen haben, wenn ihr das Kind einmal eine Stunde vor den Fernseher parkt, weil ganz dringend etwas erledigt werden muss oder ihr auch nur mal für 20 Minuten die Beine hochlegen möchtet. Das ist verständlich und ganz normal. Niemanden ist geholfen, wenn ihr zusammen-klappt, weil ihr einfach rund um die Uhr rotiert und keine Minute für euch habt! Das Wichtigste ist: dass ihr nach der Pause auch wieder für euer Kind da seid. Manchmal ist man nach so einer Pause sogar sehr viel erfrischter und aufmerksamer als ohne.

Klar ist jedoch: Wenn Euer Kind lieber puzzelt oder malt, während ihr die Beine hochlegt, ist die Pause besser genutzt. Denn Dinge selbst zu erleben, zu erfahren und mit eigener Hand zu machen, fördert Kinder ganz anders als passives Fernsehen. Denn wenn Kinder Dinge selbst herausfinden und Experimente ausprobieren oder von einem Eltern-teil im Dialog die Welt erklärt bekommen, bleibt das Wissen sehr viel besser im Gehirn verankert als beim passiven Konsum durch das Fern-sehen. Zu viel Fernsehen schwächt den Eigenantrieb, macht passiv und mindert die Fantasie, da sind sich alle Studien einig. Ganz abge-sehen davon, dass Kinder sich beim Fernsehen nicht bewegen.

Verteufeln will ich das Fernsehen also nicht, ebenso wenig wie das Smartphone. Denn diese Dinge gehören nun mal zu unserem Alltag dazu und der richtige Umgang mit ihnen will gelernt sein – was nur gelingt, wenn wir unseren Kindern vormachen, was ein richtiger Um-gang ist.

Kinder behutsam an neue Medien heranführen

Die digitalen Medien haben unsere Welt verändert und sie haben unsere Sicht der Welt verändert. Wir haben viele neue Möglichkeiten zum Lernen, zum Kommunizieren und zum Arbeiten hinzugewonnen. Ein Leben ohne digitale Medien ist heute schon nicht mehr vorstellbar. In der Zukunft unserer Kinder werden die digitalen Medien eine noch größere Rolle spielen. Nicht zuletzt deshalb sollten wir unseren Kindern die Welt der neuen Medien natürlich nicht verbieten. Denn dann fühlen sie sich nicht nur ausgeschlossen, sondern das Verbotene wird oft erst so richtig interessant. Es ist wie mit dem Naschen: Wer nie etwas Süßes essen darf, der flippt dann so richtig aus, wenn es einmal etwas Süßes gibt, und schlägt total über die Stränge. Oder nutzt die Gelegenheit, wo sie sich bietet, das Verbot zu umgehen – und was im Geheimen geschieht, entzieht sich unserer elterlichen Kontrolle. Auch nicht gut.

Viel wichtiger ist es, Kindern einen bedachten, reflektierten Umgang mit Fernsehen, Internet und Handy beizubringen und – wie oben erwähnt – mit gutem Beispiel voranzugehen, denn einen verantwortungsvollen Umgang lernen Kinder nur, wenn wir Eltern ihn auch vorleben. Der Psychiater Gerd Lehmkuhl sagte in einem Interview mit der Zeitschrift »Geo Wissen« (2014): »Je früher Kinder beginnen, die neuen Medien kennenzulernen und zu beherrschen, desto leichter fällt es ihnen, verantwortungsvoll damit umzugehen.«

Was nun »früh« bedeutet, darüber muss sich jede Familie selbst ihre Gedanken machen. Es hängt auch von den Kindern, ihren Freunden und den Schwerpunkten der Schule ab. Aber sicher ist es zu spät – und wahrscheinlich auch nicht möglich –, ein Kind erst mit zehn Jahren an die digitale Welt heranzuführen. Welches Alter nun das richtige ist, darüber streiten sich die Experten. Das liegt auch daran, dass Langzeitstudien über die Auswirkungen eines frühen Medienkonsums auf Kinderhirne fehlen. Die Empfehlungen gehen auseinander, aber einig sind sich alle Experten, dass Kinder unter drei Jahren noch zu jung für Fernsehen, Tablet und Co. sind. Einige empfehlen digitale Medien erst ab dem Schulalter, andere sagen, wohl dosiert eingesetzt, könnten sie auch schon von Kindergartenkindern oder Vorschulkindern benutzt werden. In vielen Grundschulen wird der Computer schon ab der ersten Klasse mit in den Unterricht einbezogen.

Wichtig ist es, die Kinder selbst an Computer und Co. heranzuführen und mit ihnen die Welt des Internets zu entdecken. Gut gemachte Lern-Apps sind dabei hilfreicher als Spiele, die Kinder allein vor sich hin zocken. Für die Mediennutzung solltet ihr feste Zeiten festlegen. Ihr könnt zum Beispiel den Zugang zum WLAN kontrollieren. Wichtig sind auch Passwörter und die Sperrung bestimmter Seiten, damit Kinder nicht an jugendgefährdende oder kostenpflichtige Inhalte geraten.

Und wenn das Kind dann der Sucht anheimfällt und einfach nicht aufhören kann zu spielen oder fernzusehen? Dann hilft Schimpfen, Drohen und Bestrafen meistens nicht viel. Besser ist es in diesem Fall, Alternativen aufzuzeigen: gemeinsame Ausflüge, Freunde treffen oder auch ein Vereinssport – anstatt die Nachmittage einsam vor der Playstation zu verbringen.

Kapitel 4
Routine und Rituale –
Ordnung im Alltag

Struktur in den Alltag bringen

Das hört sich so starr an. Nach neuen Regeln – haben wir bei all den Regeln nicht sowieso schon den Überblick verloren? Nach noch mehr Terminen – haben wir nicht sowieso schon viel zu viele? Nach noch mehr Druck – und wollten wir den nicht gerade loswerden? Entsteht durch das Strukturieren nicht der zusätzliche Druck, die Struktur einzuhalten?

Struktur im Alltag – das klingt wie ein Korsett. So ein Korsett soll helfen, den Nachmittag mit Kindern stressfreier zu gestalten? Eine Struktur soll entlasten? Den Alltag von Streitereien befreien? Ist so eine Struktur nicht eher kontraproduktiv, weil sie noch mehr Druck in den Nachmittag hineinbringt? Nein. Eine Struktur für den Nachmittag hilft tatsächlich dabei, Druck aus dem Alltag zu nehmen und den Alltag leichter zu machen. Mit einer Struktur können Afterwork-Eltern alles unter einen Hut bringen: Haushalt, Kinder, Partner und die eigenen Bedürfnisse. Das klingt zu schön, um wahr zu sein? Dann lest einfach weiter – es funktioniert wirklich!

Strukturen im Wochenplan festhalten

Zum Einhalten der Strukturen hilft es, den Tagesablauf auch visuell festzuhalten: also für jeden Wochentag einen schriftlichen Ablaufplan zu erstellen. Das kann dann zum Beispiel so aussehen:

Montag

- 15 Uhr: Abholen
- 15.30 Uhr: Kakao trinken zu Hause
- 15.45 Uhr: Hausaufgaben für das große Kind, Malen mit dem kleinen Kind
- 16.15 Uhr: Spielen im Garten oder Freunde treffen
- 17.30 Uhr: gemeinsam Essen vorbereiten
- 18 Uhr: Abendbrot

- 18.30 Uhr: Küche aufräumen und den nächsten Tag vorbereiten
- 19 Uhr: Umziehen, Zähneputzen
- 19.15 Uhr: Vorlesen
- 20 Uhr: Schlafenszeit
- 20.15 Uhr: Elternzeit beginnt!

So einen Tagesplan erstellt ihr für jeden einzelnen Wochentag. Diese Tagespläne dienen dann als Überblick für die Wochenplanung.

Bleibt flexibel

Habt ihr eine Struktur gefunden, die zu euch passt, dann setzt euch aber nicht unter Druck, die Struktur sklavisch einzuhalten. Natürlich gibt es Tage, an denen die Einschlafzeit um 20 Uhr nicht einzuhalten ist. Genauso gibt es Tage, an denen das Abendessen schon um 17 Uhr und nicht erst um 18.30 Uhr auf dem Tisch steht, weil die Kinder ausgehungert sind. Die Kakaorunde zum Runterkommen nach dem Kindergarten muss auch nicht unbedingt immer zu Hause am Esstisch stattfinden. Und die Hausaufgaben dürfen auch mal auf die Zeit nach dem Abendessen gelegt werden, wenn der Nachmittag voll verplant war oder das Schulkind das schöne Wetter lieber zum Spielen im Freien nutzen wollte. Von den Ferien einmal ganz abgesehen: Für sie gelten eigene Rituale und Routinen.

Routinen entlasten das Gehirn

Strukturen, also wiederkehrende Abläufe und Routinen, nehmen euch Entscheidungen ab. Das beruhigt das Gehirn: Es entlastet euch, denn ihr müsst nicht jedes Mal neu überlegen (sei es auch nur unbewusst abchecken), was als Nächstes ansteht und in welcher Reihenfolge ihr was am besten erledigt. Routinen sind Fallnetze, die uns auffangen und Sicherheit geben, wenn das Chaos zu groß wird.

Hirnforschern zufolge treffen wir rund 20 000 Entscheidungen täglich (ja, so viele!), und das an einem Tag, der bekanntlich ganze 24 Stunden hat. Das sind 1440 Minuten. Also rechnerisch mehr als 13 Entscheidungen in einer Minute. Da wir aber rund acht Stunden schlafen (Mütter von kleinen Kindern wohl eher sechs bis sieben, wenn es hochkommt), verteilen sich diese 20000 Entscheidungen auf rund 16 Stunden. Das macht mehr als 20 Entscheidungen pro Minute. Ist es nicht erstaunlich, was unser Gehirn alles leistet?!

Die meisten Entscheidungen sind schnell abgehakt. Der Wecker klingelt? Zack ist der Zeigefinger auf der Schlummer-Taste. Blitzentscheidung: »Ich will noch zehn Minuten schlummern.« Die Ampel wird rot. Zack, bleiben wir stehen. Bei manchen Entscheidungen brauchen wir etwas länger: Marmelade oder Käse aufs Frühstücksbrot? Kaffee oder Tee?

Wenn wir aus Gewohnheit jeden Morgen zum Marmeladenbrot und zur Kaffeetasse greifen, dann ersparen wir unserem Gehirn, sich lange mit der Entscheidung aufzuhalten. Es kann sich so zum Beispiel besser darauf konzentrieren, den Streit der Kinder am Frühstückstisch zu schlichten. Es ist kein Zufall, dass erfolgreiche Menschen wie Steve Jobs oder Angela Merkel zu einer Art Uniform greifen (Im Falle des Apple-Gründer Jobs war es zum Beispiel jeden Tag Jeans und schwarzer Rollkragenpullover, bei Angela Merkel ist es der gleiche Blazer in unterschiedlichen Farben.). Die morgendliche Entscheidung »Was ziehe ich heute an?« wird so eingespart, das Gehirn kann sich auf die wirklich wichtigen Fragen konzentrieren. Dasselbe gilt beispielsweise für eine Routine beim Mittagessen, wenn man in der Kantine immer das vegetarische Gericht wählt.

Unvorhergesehenes kann uns stressen

Seien wir doch mal ehrlich: Das Leben ist chaotisch. Kinder werden krank (meistens über Nacht und meistens dann, wenn im Büro ein wichtiger Termin ansteht). Eltern werden krank. Der Kollege ist krank und alles bleibt an uns hängen. Der Kindergarten ist wegen Fortbildung geschlossen. Die Geigenstunde fällt aus. Die ganze Schule fällt aus wegen Schneechaos. So ist das Leben. Es passiert immer etwas

Unvorhergesehenes. Jeden Tag. Wir müssen ständig reagieren, und haben das Geschehen um uns herum nicht immer unter Kontrolle. Dabei strebt das menschliche Gehirn danach, Dinge zu kontrollieren: Wir wollen das Gefühl haben, das Ruder selbst in der Hand zu halten. Unser Gehirn möchte Vorhersehbarkeit. Unsicherheit und Unberechenbarkeit werden von unserem Gehirn als Gefahr eingestuft, als ein Problem, das gelöst werden muss. Was wiederum zu Stress führt, zu einer Ausschüttung von Cortisol, das unter anderem zielgerichtetes Verhalten behindert und den Körper in eine Alarmbereitschaft versetzt. Diese Alarmbereitschaft hindert unser Gehirn daran, sich auf andere Dinge zu konzentrieren. Die Folge: Es kann schlechter und weniger effizient arbeiten. Ganz abgesehen davon, dass dauerhafter Stress krankmacht.

Strukturen und Routinen entlasten also unser Gehirn, denn ihm werden tägliche Entscheidungen abgenommen. So ein Muttergehirn hat eigentlich auch genug um die Ohren. Nach dem Kindergarten erst zum Bäcker, um den Hunger der Kinder zu stillen, dann zum Einkaufen und dann nach Hause? Oder erst zum Einkaufen, das süße Brötchen danach als Belohnung für die Geduld beim Einkaufen und dann nach Hause? Das müsst ihr nicht jeden Tag neu entscheiden. Und schon gar nicht müsst ihr eure vom Kindergarten müden Kinder entscheiden lassen, denn das macht am Ende nur alle verrückt, vor allem, wenn jeder etwas anderes will! Wenn es stattdessen die feste Nachmittagsstruktur gibt (erst zum Bäcker, um die hungrigen Kinder zu beruhigen, dann in den Supermarkt und dann nach Hause oder auf den Spielplatz), dann wissen alle, was sie erwartet.

Strukturen geben Sicherheit, Verlässlichkeit und sparen Diskussionen und Entscheidungen. Routinen geben einen festen Rahmen, in dem ihr die Gestaltungsfreiheit habt – was das Korsett wieder lockert.

Vorteile täglicher Routine

Amerikanischen Studien zufolge verbessert ein strukturierter Alltag tatsächlich die Lebensqualität und kann sogar lebensverlängernd wirken. Eine Studie mit über 85-Jährigen zeigte, dass sie alle eins gemeinsam hatten: Sie führten ein Leben mit einer täglichen Routine. Wie wichtig tägliche Routinen sind, zeigt auch die Arbeit mit psychisch Kranken, bei der feste Strukturen oft ein Teil der Therapie sind.

Eine verlässliche Struktur hilft Kindern dabei, die Fähigkeit zu planen und zu fokussieren zu entwickeln. Ein Alltag mit Routinen hilft ihnen, Anleitungen zu verstehen und zu befolgen und Dinge in der richtigen Reihenfolge zu erledigen. Ohne diese Fähigkeiten ist es für Kinder schwer, das Wichtige vom Unwichtigen zu unterscheiden, sich nicht ablenken zu lassen, Aufgaben zu priorisieren und Ziele zu erreichen. Kinder, denen zu Hause eine Struktur vorgelebt wird, können komplexere Aufgaben besser bewältigen, sie gehen strukturierter beim Problemlösen vor. Außerdem hilft ein strukturierter Alltag auch dabei, Gefühlsimpulse zu kontrollieren. Ganz abgesehen davon, dass sich all das, was wir am Nachmittag erledigen müssen, meistens nur mit Hilfe einer Struktur in den drei, vier Stunden bis zum Schlafengehen unterbringen lässt: Einkäufe, Haushalt, Hausaufgaben, Abendessen, Ins-Bett-Bringen ...

Stellt euch einmal folgendes vor: Ein anstrengender Arbeitstag liegt hinter euch. Die Kollegin war krank, es blieb alles an euch hängen. Dann stürzte auch noch der Computer ab und die Mühen des Vormittags waren dahin. Natürlich ohne Zwischenspeicherung. Der Chef meckerte und zu guter Letzt ging auch noch die geliebte Kaffeetasse kaputt. Auf dem Weg zum Kindergarten war der Bus weg und beim Einkaufen habt ihr die Hälfte vergessen. Abgehetzt erscheint ihr im Kindergarten. Und der ganze Stress fällt von euch ab. Denn nun wisst ihr, was euch und die Kinder erwartet. Denn nun ist es Zeit für euer Nachmittagsprogramm – eine feste Struktur von Abläufen, die euch das Planen und Umdenken abnimmt. Eine Nachmittagsroutine, in die ihr euch fallen lassen könnt wie in eine Hängematte. Jetzt könnt ihr loslassen, jetzt müsst ihr nicht mehr improvisieren und die einzelnen

Schritte abwägen. Nun könnt ihr wie jeden Nachmittag den Kakao mit den Kindern trinken, runterkommen, die gewohnte Nachmittagsroutine abspulen und euch auf das Wesentliche konzentrieren: die Zeit mit euren Kindern. Routinen helfen uns, zur Ruhe zu kommen und unser stets zur Flucht bereites Gehirn zu beruhigen.

Gegenbeispiel: Wie würde so ein Nachmittag verlaufen ohne eine Routine, ohne eine Struktur, die nach so einem chaotischen Arbeitstag Halt gibt? Wenn ihr ohne einen Plan in den so verkorkst angefangenen Nachmittag startet? Ohne eine Idee, was ihr abends kochen sollt? Und wie ihr den Nachmittag rumkriegen sollt, bis die Kinder ins Bett gehen? Es sind oft genau diese stressigen Vormittage, die am Nachmittag mit schlechter Stimmung, nörgeligen Kindern und Meckermamas enden. Denn unser Stress, unsere schlechte Laune färbt auf die Kinder ab. Das sind diese Abende, an denen man seine schlafenden Kinder betrachtet und sich Vorwürfe macht, wieder viel zu viel geschimpft zu haben.

Natürlich haben wir nie alles unter Kontrolle, natürlich gibt es immer Unvorhersehbares. Unser Alltag ist voller Überraschungen, gerade der Alltag mit Kindern. Aber wir können zumindest einen Teil unseres Alltags strukturieren und, so gut es geht, kontrollieren: den Nachmittag mit unseren Kindern. Routinen und ein strukturierter Alltag geben uns an solchen Chaostagen Halt. Was beim Strukturieren des Alltags hilft, sind Rituale, tägliche, wöchentliche und monatliche Rituale, die den Alltag vorhersehbar und planbar machen.

Rituale geben Halt

Als ich jünger (und kinderlos) war, las ich in einer Frauenzeitschrift von der »Kraft der Rituale«. Und dachte spontan an Hexen und anderes esoterisches Brimborium. Ich habe es nicht so mit Esoterik und war skeptisch, was das denn bringen soll. Heute, 20 Jahre später und Mutter von drei Kindern, weiß ich Rituale zu schätzen und möchte sie nicht missen. Mir ist auch klar geworden, dass es nichts mit esoterischem Dingsbums zu tun hat und schon gar nicht mit Hexerei. Sondern dass es Rituale sind, die dieses wohlig warme Familienzusammengehörigkeitsgefühl auslösen, und dass es Rituale sind, die unseren Alltag erleichtern, strukturieren und für meine Kinder (be)greifbarer machen. Deshalb: Habt keine Scheu vor Ritualen! Ich wette, die meisten von euch haben auch schon eine Menge Rituale in ihren Familienalltag integriert, teilweise ohne sich darüber bewusst zu sein, dass es Rituale sind.

Was ist ein Ritual?

Das Wort »Ritual« ist vom lateinischen Wort *ritus* abgeleitet; dieses bezeichnet einen feierlichen Brauch, eine feste Abfolge von Worten, Bewegungen oder Handlungen. Rituale werden regelmäßig wiederholt. Das kann täglich, wöchentlich, monatlich oder auch nur einmal im Jahr sein.

Rituale haben Menschen schon immer durch das Leben begleitet. Schon von den Menschen der Steinzeit vermutet man, dass sie bestimmte Rituale für Bestattungen hatten. In allen vergangenen Kulturen spielten Rituale eine besondere Rolle. Zu heutigen Ritualen zählen beispielsweise Feste wie Weihnachten, Ostern oder das Erntedankfest. Aber auch für Übergangsphasen gibt es verschiedene Rituale wie Initiationsriten, wenn Kinder in die Pubertät kommen, Konfirmation und Kommunion, Rituale bei Hochzeiten, Beerdigungen oder zu Geburten.

In unserer Gesellschaft scheinen Rituale manchmal ein wenig aus der Mode gekommen zu sein, gelten als altmodisch oder einengend. Ich habe viele Rituale erst mit den Kindern wiederentdeckt wie zum Beispiel das Erleben der Adventszeit, in das ich vieles aus meiner eigenen Kindheit übernommen habe. Durch das Übernehmen von Ritualen aus der eigenen Kindheit werden generationsübergreifende Rituale geschaffen, die eine Art Familienidentität erzeugen.

Rituale sind aber nicht nur religiöse Feiern, sondern auch Dinge wie das tägliche gemeinsame Frühstück, der Sonntagsspaziergang mit der ganzen Familie, die Gutenachtgeschichte oder das monatliche Kaffeetrinken mit der besten Freundin. Selbst das Aufräumen kann zu einem Ritual werden (man denke an den Frühjahrsputz): Vor dem Schlafengehen gemeinsam die Rettungswege auf dem Kinderzimmerfußboden frei zu räumen und dabei über den Tag zu quatschen, bringt nicht nur Spaß, sondern schafft auch Nähe und die bereits zitierte Qualitätszeit.

Rituale sorgen für Struktur und Sicherheit

Rituale helfen, den Alltag zu strukturieren, da sie eine konstante Abfolge von Handlungen sind. Sie sind etwas Gewohntes, bei dem alle »Eingeweihten« wissen, welche Schritte als Nächstes folgen. Rituale geben eine Tagesstruktur (nach dem Zähneputzen kommt die Gutenachtgeschichte), eine Monatsstruktur (jeden ersten Samstag im Monat gehen wir bei Oma Kaffee trinken) oder auch eine Jahresstruktur (es wird Herbst, wenn wir im Wald Kastanien sammeln und Drachen steigen lassen). Rituale geben uns Halt im schnelllebigen Alltag, der vielen Veränderungen unterliegt, und helfen, das tägliche Chaos zu organisieren. Nur als Strafe dürfen sie nie eingesetzt werden. Rituale sollten immer positiv besetzt sein, um ihren Zweck zu erfüllen.

Gerade Kinder haben ein großes Bedürfnis nach Ritualen und bekannten Tagesabläufen. Je kleiner sie sind, umso stärker ist dieses Bedürfnis nach Berechenbarkeit. Sie brauchen diese Verlässlichkeit, gerade in Phasen, in denen sich für sie viel verändert, wie während der Kindergarteneingewöhnung oder der Einschulung. Ein Kind startet zuversichtlicher und selbstbewusster in den Tag, wenn es weiß, was es erwartet. Der Tag ist durch Rituale in überschaubare Abschnitte gegliedert, was Kindern hilft, ein Gefühl für Zeitabläufe zu bekommen. Auch kleine Kinder verstehen so: Nach dem Zähneputzen gibt es die Gutenachtgeschichte und danach wird gekuschelt und geschlafen. Nicht zuletzt sind Rituale auch Diskussionsvermeider: Wenn alle wissen, wie ein Sonntagnachmittag abläuft, dann wird es akzeptiert und weniger diskutiert (zumindest bis zu einem gewissen Alter).

Hirnforscher haben sogar herausgefunden, dass Kinder in einem berechenbaren Umfeld besser gedeihen. Familienrituale sind demzufolge erlebte Gemeinschaft, die nachweislich Stress reduzieren und positiv auf körperliche Funktionen wirken.

Rituale schenken auch Sicherheit, das Gefühl von Geborgenheit und sind eine Art Ruheinsel im Alltag. Das beste Beispiel ist das Nach-Hause-Fahren an Weihnachten, wie es Chris Rea in dem Song »Driving Home for Christmas« so treffend besingt.

Auch in Krisen oder an Wendepunkten im Leben geben Rituale Halt und Kraft, denn sie sind Fixpunkte, an denen man sich festhalten kann, auch wenn sonst alles aus den Fugen geraten zu scheint. Dieses Gefühl von Geborgenheit geben Rituale auch bei Krankheiten. Ich erinnere mich immer noch mit einem warmen Gefühl im Bauch daran, dass ich immer, wenn ich krank auf dem Sofa lag und nicht zur Schule gehen konnte, eine Tasse Tee und ein Donald-Duck-Heft bekam, das ich ganz in Ruhe lesen durfte. Solche Rituale geben das Gefühl »Ich werde umsorgt« und helfen tatsächlich, schneller gesund zu werden. Ähnliches bewirkt das Pusten, wenn sich ein Kind wehgetan hat.

Als Familie eigene Rituale finden

So wie Unternehmen eine Corporate Identity haben, hat jede Familie eine Familienidentität, das, was sie als Familie ausmacht. Familienrituale sind auch ein Teil der Familienidentität. Jede Familie entwickelt im Laufe der Zeit eigene Rituale. Zum einen übernehmen wir Eltern Rituale aus unserer eigenen Kindheit, entwickeln aber auch

eigene, teilweise ganz andere, um uns von unseren eigenen Eltern ab-
zugrenzen. Oft sind es eben jene Familienrituale, an die sich Kinder im
späteren Leben immer wieder gerne erinnern.

Das solltet ihr euch bei der Suche nach Ritualen fragen:

- Was macht uns als Familie besonders?
- Was verbindet uns als Familie?
- Wie möchten wir als Familie sein?
- Wie möchten wir feiern?
- Wie möchten wir den Alltag gestalten?
- Woran sollen sich unsere Kinder erinnern, wenn sie groß sind?
- Was haben wir aus unserer Kindheit mitgenommen, das wir an unsere Kinder weitergeben möchten?
- Was bringt uns allen gemeinsam Spaß?
- Was würde uns fehlen, wenn wir es im Alltag nicht mehr machen würden?
- Welche Gewohnheiten sind uns besonders wichtig?

Es sind ja nicht nur gemeinsame Rituale, die die Familienidentität aus-
machen, sondern auch liebenswürdige Eigenarten. Auch Geschichten,
die man sich immer wieder lachend erzählt, oder Insiderwitze, bei
denen alle losprusten, sind Teile der Familienidentität. Diese Dinge
machen Familien stark, sie sorgen für ein Gemeinschaftsgefühl und
vermitteln Geborgenheit. Beim Entwickeln von Ritualen geht es also
nicht nur um tägliche Rituale oder um besondere Feiertage. Bei uns ist
es zum Beispiel ein Ritual, den Beginn der Sommerferien, also den
letzten Schultag, mit einem großen Spaghetti-Eis zu feiern.

Beispiele für Rituale

Tägliche Rituale können sein:

- das gemeinsame Frühstück
- die Lieblingstasse zum Frühstück benutzen
- Papa morgens winken, wenn er zur Arbeit geht
- der warme Kakao nach dem Kindergarten
- eine Kerze beim Abendessen anzünden
- nach der Schule beim Bäcker ein Laugenbrötchen kaufen
- die Gutenachtgeschichte
- vor dem Schlafen über den Tag sprechen
- das Gutenachtlied

Wöchentliche Rituale können sein:

- der Samstagseinkauf auf dem Wochenmarkt
- das Sonntagsfrühstück im Schlafanzug
- der Ausflug in den Wald am Sonntagnachmittag
- der süße Kuchen zum Wochenendstart am Freitag
- das gemeinsame Kuchenbacken am Wochenende
- der Pizzaabend am Mittwoch
- der Nachmittag mit Oma am Dienstag
- das gemeinsame Sortieren der mit dem Handy aufgenommenen Fotos am Sonntag
- das »Tatort«-Schauen (ohne Kinder) am Sonntagabend

Monatliche Rituale können sein:

- der Kaffee bei den Großeltern am 1. Sonntag im Monat
- das Kaffeetrinken ohne Kinder mit der besten Freundin
- einmal im Monat mit dem Papa schwimmen gehen
- der gemeinsame Großeinkauf
- das gemeinsame Aufräumen des Kinderzimmers
- das Messen der Kinder und Eintragen ihrer Größe an der Küchenwand

Jährliche Rituale können sein:

- religiöse Feste wie Ostern, Erntedankfest und Weihnachten mit all ihren Abläufen und Besonderheiten
- der Geburtstag mit Geburtstagskuchen, Kerzenauspusten und Ständchensingen
- der jährliche Ausflug in einen Freizeitpark
- die gemeinsame Planung des Sommerurlaubs an einem regnerischen Wintertag
- die ersten Frühblüher im Garten zählen
- die Sommerferien mit einem großen Eisbecher beginnen
- den Herbstbeginn mit Kastaniensammeln einleiten
- die Halloweenparty
- das Laternegehen am Martinstag
- den Beginn des Weihnachtsmarktes mit Kinderpunsch feiern

Kapitel 5
Nachmittags beginnt
der Feierabend?!

Abholen vom Kindergarten

»Die Kinder schlafen, endlich Feierabend!«, liest man regelmäßig abends um acht Uhr in den sozialen Medien. Viele Eltern sprechen erst vom Feierabend, wenn die Kinder im Bett sind. Aber was spricht dagegen, dass auch der Nachmittag mit den Kindern schon einem Feierabend gleicht? Feierabend für Groß und Klein gleichermaßen. Denn auch wenn die Kinder im Kindergarten doch »den ganzen Tag nur spielen«, ist so ein Kindergartentag auch für Kinder anstrengend. Ist es nicht an der Zeit, dem gemeinsamen Nachmittag mit den Kindern einen besseren Ruf zu verleihen? Der Nachmittag ist doch eigentlich gemeinsame Zeit mit den Kindern: Zeit, um zu kuscheln, Bücher zu lesen oder auf dem Spielplatz zu toben.

Mama-Zitat

Wenn ich um drei Feierabend mache, dann werde ich von meinen Kollegen mit einem »Schönen Feierabend!« verabschiedet. Mich macht es aggressiv! Wenn die wüssten, dass für mich die eigentliche Arbeit erst beginnt. Ich würde echt was drum geben, in Ruhe ein bisschen weiterzuarbeiten. Stattdessen hetze ich in den Kindergarten und werde von einem motzenden Kind begrüßt. Und so geht der Nachmittag dann weiter. Ich bin eigentlich nur am Rennen und Feierabend habe ich irgendwann um neun. Mein Mann sitzt dann übrigens schon lange auf der Couch. Für ihn beginnt der Feierabend gleich nach dem Abendessen.

Ein typisch nerviger Nachmittag

Es ist mal wieder einer dieser Tage: Dem Chef kann es heute keiner recht machen, der Kaffee im Büro ist alle und der Busfahrer schließt die Türen direkt vor der Nase, obwohl es in Strömen regnet. Kommt man dann abgehetzt im Kindergarten an, erwartet einen statt freudiger »Mama«-Rufe nur ein langes Gesicht: »Mama, du kommst zu früh!« – »Ich komme so wie jeden Tag.« – »Nein, du bist zu früh. Immer kommst du zu früh, ich bin noch gar nicht fertig.« Sagt's und dreht ab in den Spieleraum. Wenn jetzt nur nicht dieses blöde Kinderturnen auf dem Programm stehen würde. Noch eine halbe Stunde, dann muss das Kind umgezogen in der Turnhalle stehen! Also ein Versuch auf die nette Tour: »Sei so lieb und zieh dich an, wir wollen doch zum Turnen.« Keine Reaktion.

Es folgt das typische Drama in drei Akten. Die Stimmung wird von Versuch zu Versuch schlechter. Bis es irgendwann nicht mehr beim netten Versuch bleibt, das Kind zur Garderobe gezerrt wird und sich dort natürlich nicht allein anziehen will. Am Ende sind beide durchgeschwitzt, mit den Nerven völlig fertig und eilen zeternd und meckernd zum Kinderturnen. Wie es dort weitergeht? So wie es angefangen hat. Die Stimmung ist im Eimer und das setzt sich beim Abendessen und Ins-Bett-Bringen fort. Es ist mal wieder einer der Nachmittage, an denen man viel zu oft »Räum das bitte weg« sagt, beim fünften Mal in der Version ohne »bitte«. Es ist einer der Tage, an denen man nicht aufhört zu sagen: »Lass deine Schwester in Ruhe! – Kannst du nicht aufpassen? – Musst du die Jacke immer auf den Boden werfen?« Die schlechte Stimmung schaukelt sich hoch, erst schreit der eine, dann der andere, am Ende beide zusammen und das Theater hört einfach nicht auf.

Kommt euch das bekannt vor? Das ist einer der Tage, an denen man abends nur noch total geschafft ins Bett fällt und sich Vorwürfe macht, weil man mal wieder zu viel gemeckert hat, mal wieder nicht in Ruhe den Kindern zugehört hat, mal wieder nichts im Haushalt geschafft hat, mal wieder nur mit dem Partner gestritten hat und mal wieder keine Minute Zeit für sich selbst gehabt hat. Natürlich hat jeder mal einen schlechten Tag. Aber wenn sich diese Tage häufen, wenn die Unzufriedenheit steigt, wenn man das Gefühl hat, vor lauter Meckern und Hetzen von Termin zu Termin kaum noch wirklich Zeit für die Kinder zu haben, dann läuft etwas schief. Und irgendwann bleibt etwas auf der Strecke: nicht nur man selbst, sondern auch das Familienleben – das Familienglück.

Stress und schlechte Laune? – Nicht mit uns!

Gegen einen schlechten Tag bei der Arbeit, einen kritischen Chef und fiese Busfahrer, die einem die Tür vor der Nase zumachen, kann man nicht immer etwas tun. Aber gegen die Motzerei am Nachmittag und den gestörten Familienfrieden sehr wohl. Alles fängt beim Abholen der Kinder an. Oder, wenn die Kinder größer sind und allein von der Schule nach Hause gehen, beim Begrüßen und Nachhausekommen.

Keine Sorge, es geht nicht darum, eine Stunde im Kindergarten zu warten, bis das spielende Kind fertig gespielt hat. Sondern um ein ritualisiertes Begrüßen und Abholen, darum, von Anfang an eine entspannte Stimmung zu schaffen und so den Nachmittag positiv einzuleiten.

Ist es nicht so, dass Kinder immer dann besonders schlecht drauf sind, wenn man selbst genervt ist? Ist es nicht so, dass sie ausgerechnet immer dann nicht aus dem Kindergarten abgeholt werden wollen, wenn man es besonders eilig hat? Eben. Das hat einen Grund: Unser Stress färbt auf unsere Kinder ab. Denn meistens schaukelt sich genervtes Verhalten immer weiter hoch: Ihr seid genervt, weil euer Kind erst noch unbedingt das Auto in der Parkgarage parken muss, während ihr in der dicken Winterjacke im überheizten Kindergarten schwitzt und eigentlich nur die Beine hochlegen wollt. Das Kind bemerkt euer gereiztes Verhalten, fühlt sich unter Druck gesetzt und reagiert seinerseits besonders trotzig. Was eure Stimmung wiederum noch weiter in den Keller sinken lässt. Das wirkt sich natürlich auf die Stimmung des Kindes aus und es lässt sich extra viel Zeit beim Fertigspielen, denn es hat nicht unbedingt viel Lust, mit so einer Motzmama nach Hause zu gehen. Und so geht es munter weiter, die schlechte Stimmung schaukelt sich hoch, bis am Ende beide schreien. Das Kind vor Wut und ihr, weil eure Nerven blank liegen. Nicht gerade die besten Voraussetzungen für einen entspannten Nachmittag voller Qualitätszeit, oder? Deshalb ist es so wichtig, dem Ankommen und Abholen die Zeit zu geben, die es braucht, um entspannt in die zweite Hälfte des Tages zu starten.

Kinder-Zitat

Erst muss ich ganz lange auf Mama warten und dann müssen wir ganz schnell los, weil wir spät dran sind. Dann kann ich noch nicht einmal meiner Freundin Tschüss sagen, das ist unfair.

Kein Übergang ohne Körperkontakt

Der erste Schritt zu einem entspannten Übergang ist: mehr Körperkontakt mit dem Kind. Amerikanischen Studien zufolge umarmen mehr als 90 Prozent der Eltern ihre dreijährigen Kinder täglich – aber nur die Hälfte aller amerikanischen Eltern umarmt ihre zehn- bis zwölfjährigen Kinder täglich! Irgendwann in all den Jahren dazwischen geht also die körperliche Nähe verloren. Solange es unsere Kinder zulassen, sollten wir jeden Abschied und jede Begrüßung mit einem Körperkontakt einleiten, sie umarmen, ihnen einen Kuss geben oder einfach nur über die Haare streichen. Die Zeit, in der es den Kindern peinlich ist, von Mama in den Arm genommen zu werden, kommt früh genug, glaubt es mir! Eines Tages drehen sich unsere Kinder nicht einmal mehr zum Tschüss-Sagen um. Und selbst dann sollten wir ihnen so viel Körperkontakt geben, wie sie zulassen – zum Beispiel indem wir ihre Haare zerzausen, sie schnell am Arm berühren oder ihnen kurz den Arm zärtlich um die Schulter legen. Sind die Kinder noch größer, kann es auch ein Abklatschen oder kurzes Schulterklopfen sein, das einen Körperkontakt herstellt.

Körperkontakt stärkt die Bindung zwischen Eltern und Kindern. Körperkontakt lässt den Stresspegel sinken und entspannt sofort. Durch Kuscheln wird das Hormon Oxytocin ausgeschüttet, das für die Bindung zuständig ist und auch beim Stillen ausgeschüttet wird. Oxytocin trägt dazu bei, dass Kinder nicht nur glücklicher, sondern auch gesünder werden, denn durch das Ausschütten des Hormons wird auch das Immunsystem gestärkt. Studien haben ergeben, dass Kinder, die viel mit ihren Eltern kuscheln, deutlich seltener krank sind. Berührungen lassen den Blutdruck sinken, Cortisol wird abgebaut, Entzündungen werden so gehemmt. Die elterliche Liebe und das Gefühl der Geborgenheit haben nachweislich einen positiven Effekt auf die soziale und emotionale Entwicklung der Kinder. Je wärmer und zugewandter die Eltern sind, umso wahrscheinlich ist es, dass Kinder soziale Fähigkeiten entwickeln und ebenso die Fähigkeit ausbilden, Probleme zu lösen.

Volle Aufmerksamkeit bei jedem Übergang

Es gibt also eine Reihe guter Gründe dafür, dass wir die Übergänge am Tag mit Berührungen beginnen sollten. Dasselbe gilt für echte Aufmerksamkeit bei den Übergängen, also dem Verabschieden und dem Begrüßen. Seid voll für euer Kind da! Ohne Ablenkung. Ohne in Gedanken schon beim Einkaufen zu sein. Diese fünf Minuten sollten ganz euch und eurem Kind gehören. Das bedeutet: nicht einfach reinschneien, das Kind zum Anziehen drängen und wieder rausschneien, ohne das Kind richtig angeschaut zu haben. Sondern das Handy bewusst vor der Tür in die Handtasche stecken, zu dem Kind gehen, es freundlich begrüßen. Bei kleineren Kindern solltet ihr euch hinknien, um sie auf Augenhöhe zu begrüßen.

Wenn Erwachsene mit ihren Kindern auf Augenhöhe kommunizieren, können Kindern den Erwachsenen beim Gespräch in die Augen schauen und die Mimik besser wahrnehmen. Dadurch verstehen Kinder das Gesagte besser und können es auch mit der Mimik in Einklang bringen. Abgesehen davon ist es ein Zeichen von Respekt, wenn man Kinder nicht von oben herab behandelt, sondern auf Augenhöhe.

Nie kommt man zur richtigen Zeit

Kinder reagieren unterschiedlich, wenn sie von ihren Eltern aus dem Kindergarten oder auch der Schulbetreuung abgeholt werden. Je nach Stimmung und Spielflow kennt ihr wahrscheinlich die folgenden Reaktionen eurer Kinder:

a) Das Kind sieht die Mutter oder den Vater, strahlt, rennt in die Arme und freut sich, nach Hause zu gehen.

b) Das Kind schaut kurz hoch, sieht die Mutter oder den Vater und vertieft sich sofort wieder ins Spiel.

c) Das Kind ist so ins Spiel vertieft, dass es überhaupt nicht reagiert.

d) Das Kind sieht die Mutter oder den Vater und sagt: »Du bist zu früh« oder »Ich muss aber erst noch …«, und spielt weiter.

e) Das Kind sieht die Mutter oder den Vater und will sofort zeigen und erklären, was es gerade spielt.

f) Das Kind schaut kurz hoch und fängt furchtbar an zu meckern, dass es schon so früh abgeholt wird (egal, ob es früh ist oder nicht).

g) Das Kind kommt beleidigt angelaufen und fragt meckernd: »Wieso kommst du so spät?«

Bei meinen Jungs trat im Laufe der Kindergartenzeit die ganze Palette von Reaktionen auf – ohne dass es irgendwie vorhersehbar gewesen wäre und unabhängig von der tatsächlichen Abholzeit. Mal war 14 Uhr zu spät, mal viel zu früh, mal genau richtig. Oft genug beschwerte sich mein Sohn genau dann, dass ich zu früh käme, wenn er am Morgen noch extra darum gebeten hatte, dass ich bitte ja nicht so spät kommen solle. Es ist ja irgendwie auch Murphys Gesetz, dass die Kinder immer dann noch länger im Kindergarten bleiben wollen, wenn man sich extra beeilt, um sie etwas früher abzuholen! Wir sollten uns also gedanklich auf alles einstellen, wenn wir zum Kindergarten gehen, dann kann uns auch nichts aus den Socken hauen.

Genug Zeit einplanen

Wie reagieren wir Eltern nun am besten, um – egal, wie die Reaktion des Kindes ausfällt – einen angenehmen, friedlichen Übergang zu einem entspannten, möglichst streitfreien Nachmittag hinzubekommen? Indem wir zunächst Zeit genug haben, unserem Kind die Zeit zu lassen, die es für den Übergang braucht. Da es meistens nicht vorhersehbar ist, wie viel Zeit das Kind tatsächlich braucht (und die benötigte Zeit bekanntlich jeden Tag schwanken kann), ist es wichtig, einen ausreichend großen Zeitpuffer zu haben, bevor es zu eventuellen Terminen geht oder auch einfach nur nach Hause. Wenn ihr nicht unter Zeitdruck steht, dann seid ihr gleich viel entspannter und diese entspannte Grundhaltung färbt auf euer Kind ab.

Lasst es also am besten gar nicht erst zu Stress und Streit kommen. Wenn ihr in den Kindergarten kommt, macht euch frei von Termindruck und seid bereit, euch ganz auf euer Kind einzulassen. Die Parallelwelt »Arbeit« wird nun eingetauscht gegen die Parallelwelt »Mama«. Das Kind gibt das Tempo vor – nun ja, fast. Ihr dirigiert es natürlich und habt das letzte Wort.

Rennt euer Kind freudestrahlend auf euch zu und zieht sich bereitwillig an, ist alles in Butter. Kommt es freudestrahlend und will euch aber erst noch seine Sandburg zeigen, dann lasst euch die Sandburg zeigen – oder den Kaufmannsladen, den Pferdestall oder das Kunstwerk aus Knete. Lasst euch alles erklären, stellt Fragen und taucht ein in die Welt des Kindes. So erfahrt ihr gleich noch etwas über den Kindergartentag, ohne das Kind auszuquetschen.

So solltet ihr auch verfahren, wenn euer Kind euch nicht freudestrahlend begrüßt, sondern so ins Spiel vertieft ist, dass es euch kaum wahrnimmt oder sogar ignoriert. Gebt dem Kind etwas Zeit, beobachtet es, stellt nach einiger Zeit die Frage »Ui, was hast du da gebaut?« So signalisiert ihr dem Kind: »Ich bin jetzt da«, ohne es sofort zum Aufbruch zu drängen.

Ganz wichtig: Ruhe bewahren

Aber wie rettet man den Nachmittag, wenn das Kind einen gleich mit einem Wutanfall und einem trotzigen »Du bist zu früh« begrüßt? Erste Regel: nicht von der miesen Laune des Kindes anstecken lassen. Denn dann ist es quasi vorprogrammiert, dass sich die schlechte Laune aufschaukelt. Also: deeskalieren! Lässt es das Kind zu, erst einmal umarmen, um den Druck rauszunehmen. Dem vorwurfsvollen Kind nehmt ihr den Wind aus den Segeln, indem ihr gleich klarmacht: »Bau doch erst einmal weiter, ich muss sowieso noch deinen Rucksack aus der

Garderobe holen« oder alternativ »… mal eben deine Wechselklamotten überprüfen« (Notlüge ist erlaubt, außerdem kann es nie schaden, mal zu schauen, ob die Wechselunterhose eigentlich noch passt) oder »… mit deiner Erzieherin sprechen« oder auch »… auf den Essensplan schauen.« Hauptsache eine Tätigkeit, die dem Kind zeigt: »Mama ist da und es geht bald los, aber nicht sofort und ich kann noch etwas spielen.« Die Wogen sind damit etwas geglättet und die gereizte Stimmung schaukelt sich nicht sofort hoch. Diese Methode funktioniert aber nur, wenn ihr wirklich Zeit mitbringt und nicht den nächsten Termin im Nacken habt. Denn dann fällt es schwer, entspannt und gut gelaunt vorzugeben, man müsse noch mal im Wechselwäschebeutel wühlen.

Das Kind zum Nach-Hause-Gehen motivieren

Aber wie bewegt man nun das ins Spiel vertiefte Kind dazu, mit nach Hause zu kommen? Denn irgendwann will man schließlich auch gehen. Jetzt gilt dasselbe wie auf dem Spielplatz: dem Kind rechtzeitig signalisieren, dass es bald Zeit für den Aufbruch ist. Dabei hilft eine Art Countdown: noch drei Minuten – noch zwei Minuten – noch eine Minute – jetzt. Meistens funktioniert das. Aber, das schicke ich gleich vorweg, leider nicht immer.

Im Kindergarten solltet ihr euch in so einem Fall die Erzieher als Verbündete suchen. Denn wenn ihr jetzt in Drohungen oder Geschimpfe verfallt, ist die gute Nachmittagsstimmung auch dahin. Erzieher sind die Hausherren im Kindergarten und wundersamerweise hören Kinder auf Erzieher meist besser als auf die eigenen Eltern. Wenn also die Erzieherin sagt: »Nun räum mal schnell das Spiel ein und geh mit deiner Mutter nach Hause« oder »Wir gehen eh gleich alle nach Hause, du kannst jetzt schon gehen«, dann werden Kinder in den allermeisten Fällen auch das tun, was die Erzieherin sagt. Und nicht ihr seid der Buhmann, sondern die Erzieherin. Übrigens: Wie wild auf das Kind einzureden und zu versuchen, es mit Argumenten zu überzeugen, oder zu schimpfen, ist nur kontraproduktiv. Je mehr ihr redet, desto unwilliger wird euer Kind! Das kostet einfach nur eure Nerven. Kinder haben ein selektives Gehör und manchmal hat man das Gefühl, das Kind sei plötzlich taub geworden.

Deshalb: Versucht gelassen zu bleiben, auch wenn es manchmal schwerfällt. Auch Drohungen wie »Wenn du jetzt nicht mitkommst, gehe ich halt alleine« solltet ihr vermeiden (auch wenn es manchmal wirklich schwerfällt, ich kenne das!). Es ist zwar verlockend zu sagen: »Ich lasse dich gleich alleine hier« – aber erstens löst diese Drohung bei kleinen Kindern ein Angstgefühl aus und zweitens durchschauen Kinder diese Drohung spätestens beim zweiten Mal. Kinder sind schlau und lassen sich nicht so einfach reinlegen. Das gilt übrigens auch, wenn die Kinder nicht vom Spielplatz wegzubekommen sind.

Ein anderer, weitaus besserer Trick, kleineren Kindern den Übergang und den Abschied von einer Situation zu erleichtern, ist es, sie sich von der alten Situation verabschieden zu lassen. Also zum Beispiel den Bauklötzen »Tschüss« zu sagen und danach der Puppenecke. Das hat sich bei uns auch abends vor dem Ins-Bett-Gehen bewährt, wenn die Kinder sich so überhaupt nicht von ihrem Spiel trennen wollen.

Auch Anziehen kann Nerven kosten

Egal wie, irgendwann ist es dann so weit: Endlich habt ihr es geschafft! Das Kind kommt nun mehr oder weniger bereitwillig zur Garderobe – aber es will sich partout nicht allein anziehen. Oder es trödelt und braucht zehn Minuten für einen Schuh, während ihr in eurer dicken Winterjacke schwitzt. Auch da ist es die wichtigste Deeskalationsvoraussetzung, genug Zeit zu haben und dem Kind geduldig beim Trödeln zuzuschauen. Oder es zu fragen: »Darf ich dir bei der Jacke helfen? Der Reißverschluss geht ja so blöd zu.« Auch Fünfjährige dürfen mal spontan verlernt haben, sich allein Schuhe anzuziehen, und ein bisschen Hilfe erhalten. Keine Sorge: Das wird jetzt nicht zum Standard werden, denn Kinder sind viel zu stolz auf ihre eigenen Fähigkeiten, um dauerhaft das Anziehen zu verweigern. Ich schicke es aber gleich vorweg: Wie alle Phasen dauert auch diese Phase ihre Zeit.

Und wenn man es mal eilig hat?

Leider haben wir nicht immer genug Zeit, um geduldig in der Garderobe vor uns hin zu schwitzen. Es gibt nun mal, egal, wie gut man es plant, immer wieder Tage, an denen man einfach pünktlich weitermuss. An solchen Tagen hilft es, den Kindern möglichst früh anzukündigen, dass man heute keine Zeit hat, noch die gesamten selbst gemalten Bilder anzuschauen, und auch nicht zehn Minuten beim Schuheanziehen zugucken kann. Wisst ihr morgens schon von dem Termin, dann sagt es bereits beim Abschied: »Heute Nachmittag gehen wir zu Oma, da müssen wir den Bus bekommen und uns ein bisschen beeilen.« Auch wenn euer Kind das vielleicht im Laufe des Vormittags vergisst, wird es sich sofort wieder erinnern, wenn ihr es dann beim Abholen wiederholt: »Kommst du? Du weißt ja, wir müssen doch heute den Bus bekommen, um zu Oma zu fahren.«

Könnt ihr es nicht am Morgen schon ankündigen, dann sagt es eurem Kind gleich beim Abholen – aber der Ton macht die Musik! Wenn das Kind euch etwas zeigen möchte, die Zeit aber partout nicht reicht, dann vertröstet es auf später: »Erzählst du mir gleich im Auto, was du eben gebaut hast?« Oder »Zeigst du mir das Bild gleich im Bus?« Und ganz wichtig: Vergesst es nicht, sondern macht es auch wirklich! Wir Eltern sollten unsere Versprechen einhalten, sonst verlieren unsere Kinder irgendwann das Vertrauen zu uns.

Auch beim Abholen aus dem Kindergarten helfen Routinen und Rituale, dem Kind den Übergang leichter zu machen. Diese Routinen geben Kindern Halt. Wenn sie wissen: Wenn Mama mich abgeholt hat, geht es als Erstes zum Bäcker und ich bekomme mein geliebtes Rosinenbrötchen, dann fällt es ihnen leichter, ihren Freunden »Tschüss« zu sagen und sich von der Puppenecke zu trennen.

Immer diese Trödelei!

Es ist fast so etwas wie ein Gesetz: Je eiliger man es hat, umso mehr trödeln die Kinder. Und je mehr man sie antreibt, desto langsamer werden sie. Die gute Nachricht: Eure Kinder machen es nicht absichtlich. Sie wollen euch nicht in den Wahnsinn treiben (obwohl diese Trödelei einem wirklich auf die Nerven gehen kann!). Bis zum Alter von etwa acht Jahren haben Kinder nämlich schlicht noch kein richtiges Zeitgefühl und können gar nicht anders. Erst mit zehn Jahren ist ihr Zeitverständnis ähnlich ausgeprägt wie bei Erwachsenen.

Der Appell, pünktlich zu sein, fruchtet bei kleineren Kindern nicht. Der Schweizer Entwicklungspsychologe Jean Piaget stellte fest, dass Kindergartenkinder Dinge wie Reihenfolge, Dauer, Geschwindigkeit und Gleichzeitigkeit noch nicht miteinander in Verbindung bringen. Dadurch können sie nicht einschätzen, wie lange eine Tätigkeit dauert. Sie verstehen nicht, was »In zehn Minuten beginnt die Frühstücksrunde« bedeutet. Kinder leben im Hier und Jetzt, für sie gibt es nur den einen Zeitpunkt, das Jetzt. Wenn Eltern also sagen: »Beeile dich!«, dann sind sie schlicht nicht in der Lage, zu begreifen, was das nun genau bedeutet. Besonders schwer fallen vielen Kindern die Übergänge, wenn es darum geht, sich von einer Situation auf die nächste einzustellen. In diesem Fall hilft es, wenn ihr den Kindern den Übergang rechtzeitig ankündigt und sie in dem Zuge auch darauf aufmerksam macht, was als Nächstes folgt: nämlich nach dem Losmüssen das Anziehen der Jacke und nach dem Anziehen der Jacke das Verlassen des Hauses.

Aber dennoch müssen sich auch Kindergartenkinder beeilen. Und Grundschüler, die an Stundenpläne und pünktlichen Unterrichtsbeginn gebunden sind, erst recht. Wie bewegt man also die trödelnden Kinder dazu, sich ein wenig zu sputen? Erst einmal: Verzichtet auf Drängeln und Ermahnen. Appelle wie »Nun zieh dich doch mal an« oder »Nun mach schon, schneller, wir müssen los« verhallen in der Regel ungehört. Oft scheinen sie sogar das Gegenteil zu bewirken: Das trödelnde Kind flüchtet sich noch mehr in seine Trödelei und ist für das Zureden der Eltern kaum noch erreichbar. Außerdem färbt der Stress der Eltern auf die Kinder ab und setzt sie nur noch mehr unter Druck. Die meisten Kinder reagieren auf Stress mit noch mehr Abschottung. Deshalb: Bleibt ruhig und werdet nicht nervös oder laut. Auch wenn es schwerfällt. Doch der Bus wartet nicht, der Lehrer in der Schule auch nicht und der Chef im Büro erst recht nicht.

Tipps gegen das Trödeln

Wiederkehrende Abläufe könnt ihr mit euren Kindern trainieren. Wenn das Kind weiß, in welcher Reihenfolge es sich anzuziehen hat und was nach dem Verlassen des Hauses oder Kindergartens folgt, dann fällt es ihm leichter, sich dem Tempo der Erwachsenen anzupassen. Dabei solltet ihr die zu erledigenden Aufgaben in kleine Häppchen teilen, sodass sie leichter zu überblicken sind. Also nicht einfach sagen: »Zieh dich an«, sondern: »Ziehe dir schon mal die Schuhe an.« Und danach die Jacke, die Mütze und dann darf das Kind noch Mamas Schlüssel in die Handtasche packen.

Die Zeit anschaulich machen: Helft euren Kindern, ein Zeitgefühl zu entwickeln, indem ihr die Zeit, die verbleibt, sichtbar macht. Eine Sanduhr tut gute Dienste, sie kann nicht nur zeigen, wie lange man sich die Zähne putzen muss, sondern auch, wie viel Zeit noch bleibt, bis das Haus verlassen werden muss. Sind die Kinder älter, hilft auch ein Wecker, dessen Klingeln das Aufbruchssignal gibt. Erstaunlicherweise hören die meisten Kinder auf solche Signale besser als auf die Ermahnungen der Eltern.

Kleine Wettbewerbe helfen dabei, Kinder spielerisch zur Eile anzutreiben: »Wetten, dass ich mich schneller anziehe als du?« weckt den Ehrgeiz und lässt bei Kindern ungeahnte Fähigkeiten entstehen. Auch die Aussicht auf kleine Erlebnisse oder Belohnungen können Kinder motivieren, sich auf dem Weg zum Kindergarten zu sputen. Anreize wie »Dort drüben an der Ecke darfst du einen Brief in den Briefkasten werfen« oder »Wir gucken mal im Schaufenster, ob der große Teddy noch da sitzt« bewirken manchmal kleine Wunder.

Und dann gibt es noch eine weitere Sache, die beim Umgang mit trödelnden Kindern ungemein hilft: bei allem genügend Zeit einzuplanen. Denn dann fällt es gleich viel leichter, cool zu bleiben, wenn der Sohnemann auf dem Weg zum Kinderarzttermin alle drei Meter am Baustellenzaun stehen bleibt.

Geheimzutat: Zeitpuffer

Die Grundvoraussetzung für einen friedlichen, entspannten Nachmittag ist es tatsächlich, ausreichend Zeitpuffer einzuplanen. Zeitpuffer sind überhaupt eines der wichtigsten Mittel für einen entspannten Familienalltag. Denn wie ihr wisst, kann Drängeln sofort die gute Stimmung zerstören und das eben noch so niedliche Kind binnen Sekunden zu einem Wutzwerg mutieren lassen. Bei regelmäßig anstehenden Terminen solltet ihr deshalb darauf achten, dass sie auch wirklich entspannt erreicht werden können. Denn niemandem ist geholfen, wenn ihr immer auf den letzten Drücker beim Kinderturnen erscheint – die anderen Eltern nervt es irgendwann, für euer Kind ist es nicht schön und für den Turnlehrer sowieso nicht. Wenn dann auch noch eine schlecht gelaunte abgehetzte Mutter mit einem sich sträubenden und motzendem Kind die Turnhalle entert, macht man sich nicht unbedingt beliebter. Klar kann das mal vorkommen, dafür hat jeder Verständnis. Aber wenn ihr Woche für Woche die Veranstaltung sprengt, macht ihr euch erstens keine Freunde und zweitens bringt es so weder euch noch eurem Kind Spaß!

Sucht euch diese wiederkehrenden Aktivitäten also so aus, dass sie zu euch und eurem Tagesablauf passen und nicht umgekehrt. Wenn also der Musikunterricht zeitlich absolut nicht in euren Tagesablauf passt, dann überlegt, ob es nicht eine Alternative gibt, ob ihr an dem Tag vielleicht früher Feierabend machen könnt (und dafür an einem anderen Tag länger bei der Arbeit bleibt) oder ob es wirklich dieser Kurs sein muss. Manchmal ist es einfach so, dass es momentan keinen richtigen Zeitpunkt für Klavierunterricht oder Reiten gibt – vielleicht ergibt sich dieser Zeitpunkt ja in einem Jahr, wenn sich die Umstände ändern.

Legt euch die Termine also immer so, dass ihr einen Zeitpuffer habt. Zeitpuffer für übergelaufene Windeln, für nasse Hosen, für plötzliche Heißhungerattacken, für spontane Regenwurmbeobachtungen und was sich sonst so auf dem Weg ergibt. Dann ist man im Zweifel lieber ein paar Minuten zu früh am Zielort und kann dort noch einmal durchschnaufen oder im Café nebenan eine heiße Schokolade trinken. Besser als entnervt in letzter Minute zu erscheinen, das brüllende Kind im Schlepptau.

Mama-Zitat

Leider kann man nicht alle Termine beeinflussen und manchmal muss man nun mal vom Kindergarten zum Kinderarzt hetzen. Aber Arzttermine lassen sich überraschend oft anders planen, wenn man einfach mal direkt danach fragt, ob es auch eine Viertelstunde später geht, anstatt beim genannten Termin einfach Ja zu sagen. Das klappt besonders gut bei den U-Untersuchungen, die man ja schon weit im Voraus ausmacht.

Wenn ihr mit Freunden verabredet seid, dann verabredet euch einfach nicht um Punkt vier, sondern macht »gegen vier« aus. Das entspannt sofort und alle Eltern werden es verstehen, wenn man erst zehn Minuten später reinschneit. Und sollte es sehr viel später werden, wirkt ein kurzer Anruf Wunder. Nicht nur beim Gastgeber, der sich drauf einstellen kann, sondern auch bei euch selbst. Denn das schlechte Gewissen »Jetzt wartet die mit dem Kaffee auf mich« ist sogleich gemildert. So ein Anruf lohnt sich übrigens auch beim Kinderarzt, wenn absehbar ist, dass man zehn Minuten oder mehr zu spät kommt. Erstens fühlt man sich selbst besser. Zweitens muss man sowieso meistens warten und als Antwort kommt häufig ein »Wir haben grade eine Viertelstunde Wartezeit, machen Sie sich keinen Stress«. Und sollte ausnahmsweise mal keine Wartezeit aufgelaufen sein, kann die Arzthelferin einfach einen anderen Patienten vorziehen.

Pausen einplanen

Versucht, bei eurer Nachmittagsplanung auch an Pausen zu denken. Kinder brauchen ebenso wie ihre Ruhezeiten. Die ständige Überfrachtung mit Informationen oder Animation lässt sie nicht zur Ruhe kommen, um sich zu erholen. Kinder brauchen Gelegenheiten, um sich zurückzuziehen oder einfach auch nur ungestört mit dem Teddy zu kuscheln. Deshalb ist es wichtig, ihnen genug Ruheinseln und Entspannungszeiten zu gönnen, in denen sie nichts tun müssen.

Am besten ist es also, auf dem Weg vor einem Termin erst einmal eine Pause einzulegen. Das kann zu Hause sein oder unterwegs in einem Café oder auf einem Spielplatz. Einmal zehn Minuten Kaffee trinken und die Kinder vom Tag erzählen lassen. Oder sie auch einfach nur beherzt in ihre Laugenstange beißen lassen und selbst die Ruhe genießen. Sofort bessert sich die Stimmung, ihr werdet es merken.

Überhaupt ist etwas zu essen eine gute Idee. Denn ihr solltet euren Kindern immer einen Schritt voraus sein und Stressfallen meiden. Eine typische Stressfalle ist nämlich der akute Hungeranfall nach dem Kindergarten. Unterzuckerung sorgt schlagartig für schlechte Laune – also solltet ihr dagegen vorsorgen.

 Zu viele Wahlmöglichkeiten sorgen für Stress

Je jünger und müder eure Kinder sind, desto weniger solltet ihr zur Auswahl stellen. Das gilt für die Brötchen beim Bäcker genauso wie für die Kleiderauswahl. »Willst du ein Laugenbrötchen oder ein Rosinenbrötchen?« oder »Möchtest du einen Apfel oder eine Banane?« oder »Willst du den blauen Pulli anziehen oder den roten?« Diese Wahlmöglichkeiten reichen vollkommen aus, damit sich die Kinder ernst genommen und in Entscheidungen einbezogen fühlen. Und wir Erwachsenen behalten immer noch das Zepter in der Hand.

Vertrauen durch aktives Zuhören

Nun habt ihr also endlich mit dem Kind den Kindergarten verlassen und wollt nun natürlich auch wissen, wie der Tag war. Was ihr dabei vermeiden solltet: überfallartige Verhöre. Oft geben sich Eltern besonders viel Mühe, möglichst viel von ihren Kindern zu erfahren und besonders aufmerksam zu sein. Doch dabei wird manchmal übertrieben und man hört auf dem Weg aus dem Kindergarten heraus von den Eltern ein Stakkato von Fragen »Wie war dein Tag? Was hast du gegessen? Was hast du gemacht? Mit wem hast du gespielt?« Und bevor das Kind antworten kann, wird schon die nächste Frage abgefeuert. Oft kommen dann knappe Antworten wie »Gut.« – »Kartoffeln.« – »Gespielt.« – »Weiß ich nicht mehr.«

Kinder sind unterschiedlich und sie haben unterschiedliche Tage. Es gibt Tage, an denen sie losplappern und man selbst nicht zu Wort kommt. Dann solltet ihr sie auch erzählen lassen und nicht zu viel unterbrechen, allenfalls mit einigen »Hmms«, »Echt?« und dezenten Nachfragen – ohne in die Verhörtechnik zu verfallen, denn das könnte den Redefluss bremsen. Doch genauso gibt es Tage, an denen man den Kindern jedes Wort aus der Nase ziehen muss und dann auch nur äußerst kurze Antworten erhält. Verfallt auch dann nicht in ein Fragegewitter! Damit erreicht ihr nämlich in diesen Situationen gar nichts. Würdet ihr gerne erzählen, wenn ihr in diesem Stil »verhört« würdet? Eher nicht, oder? Na eben. Ganz oft erzählen Kinder unvermittelt von ihrem Tag. Ganz plötzlich, wenn man gar nicht damit rechnet. Oder sie berichten auf der Autofahrt nach Hause, beim Abendessenvorbereiten oder auch erst vor dem Schlafengehen, wenn es richtig kuschelig wird. Die Übergänge am Tag kosten Kinder mehr Kraft als Erwachsene vermuten: Sie müssen sich umstellen und an eine neue Umgebung gewöhnen.

Kinder zum Erzählen ermuntern

Für die kindliche Entwicklung ist es wichtig, den Tag zusammenzufassen und über das zu sprechen, was die Kinder erlebt haben. Dadurch lernen sie Selbstachtsamkeit und werden sich bewusst, was sie erlebt haben und was sie fühlen. Deshalb sollten Eltern ihre Kinder auch immer wieder zum Erzählen ermuntern.

Dass die Verhörtechnik nicht wirklich weiterhilft, wisst ihr nun bereits. Aber wie ermuntert man ein redefaules Kind dazu, von seinen Erlebnissen zu erzählen? Am besten sind offene Fragen, die nicht nur mit einem Wort beantwortet werden können, zum Beispiel »Was hast du heute erlebt?«, anstatt »Wie war es im Kindergarten?« Ihr kennt es wahrscheinlich auch, das gebrummte »gut« auf die letzte Frage.

Ganz wichtig, um eure Kinder zum Erzählen zu ermutigen: Schaut sie an, nickt dabei, geht auf ihre Mimik und Gestik ein, fasst ihre Sätze zusammen (»du hast dich also geärgert, weil Annika die ganze Zeit mit der Kaufmannsladenkasse gespielt hat«) – und lasst das Handy in der Handtasche! Nichts zerstört eine Kommunikation so effektiv wie ein Blick auf das Telefondisplay. Diese Minuten beim Abholen gehören euch und eurem Kind und nicht irgendwelchen WhatsApp-Gruppen!

Wichtig beim Gespräch (nicht nur) mit euren Kindern ist der Augenkontakt, den ihr immer wieder suchen solltet. Denn wenn man jemandem beim Gespräch in die Augen schaut, hört man nicht nur die Worte, sondern setzt sie in einen Zusammenhang mit Gesichtsausdruck und Gesten. So sind wir unserem Gesprächspartner zugewandt und widmen ihm unsere volle Aufmerksamkeit. Genau hier liegt das Problem, wenn man in Gesprächen ständig auf das Handy schaut: Für einen Moment verliert man den Augenkontakt und damit die Aufmerksamkeit. Gebt eurem Kind so viel Aufmerksamkeit wie möglich, denn wenn ihr ihm zuhört und es ermuntert weiterzusprechen, gebt ihr ihm das Gefühl »Ich bin wichtig, ich werde gehört«. Das stärkt nicht nur das Selbstbewusstsein, sondern eure Kinder lernen dadurch auch, anderen mit Respekt und Aufmerksamkeit zu begegnen.

Aktiv zuhören bedeutet auch, die Gefühle und Körperreaktionen des Kindes in Worten zurückzugeben. Macht das Kind beispielsweise ein trauriges Gesicht, könnt ihr sagen: »Du bist also traurig, weil du nicht mit der Puppe spielen durftest?« Mit Ratschlägen solltet ihr euch zurückhalten und erst einmal euer Kind reden lassen. Dann könnt ihr es anregen, selbst Lösungen zu finden: »Was, meinst du, könnte man ändern, damit du nicht immer alleine in der Spielecke sitzt?« Wer seinem Kind immer gleich Ratschläge um die Ohren haut, vermittelt ihm das Gefühl »Ich traue dir nicht zu, deine Probleme selbst zu lösen«.

Ihr habt mein vollstes Verständnis, dass ihr, wenn euer Kind mal besonders redselig ist, nicht immer allen Sachverhalten folgen könnt. Vor allem, wenn ihr mehrere Kinder habt und sie durcheinanderplappern und gar nicht mehr aufhören. Es ist okay, wenn man da als Mutter mal kurz gedanklich abschweift und überlegt, ob man noch Brot kaufen muss – solange ihr den Blickkontakt wahrt und gedanklich immer wieder zu euren Kindern zurückkehrt. Die volle Aufmerksamkeit kann bei einem ausufernden Redefluss schon mal flöten gehen. Und da braucht ihr kein schlechtes Gewissen zu haben. Solange ihr wieder einsteigen könnt, dürft ihr euch gedanklich auch mal kurz entfernen, ohne dass es der Beziehung zu eurem Kind schadet. Aber achtet immer auf den Augenkontakt und ermuntert euer Kind weiterzusprechen, wenn es Pausen einlegt.

 Fragen, die Kinder zum Erzählen bringen

- Was hat dir heute besonders viel Spaß gemacht?
- Worüber hast du dich heute geärgert?
- Was hat beim Mittagessen am besten geschmeckt?
- Was war das Lustigste, das du heute erlebt hast?
- Hat heute jemand etwas Liebes für dich gemacht?
- Was hast du heute Neues gelernt?
- Was möchtest du einmal erfinden?
- Wo würdest du hinfliegen, wenn wir jetzt sofort losfliegen könntest?

- Welches neue Lied habt ihr heute gelernt?
- Mit wem wärst du gerne befreundet? Warum seid ihr noch keine Freunde?
- Worauf bist du heute besonders stolz?
- Hast du dir heute etwas vorgenommen und nicht geschafft?
- Welche Regel war heute besonders schwer einzuhalten?

Das Begrüßen von Schulkindern

Irgendwann sind die Kinder nicht nur zu groß, um einen Begrüßungs- oder Abschiedskuss zu geben, sondern kommen auch alleine von der Schule nach Hause. Irgendwann haben sie sogar ihren eigenen Schlüssel, um die Tür zu öffnen. Auch wenn die Kinder groß sind, solltet ihr den Übergang von der Schule zum Nachmittag nicht unterschätzen. Deshalb gilt auch bei Schulkindern: Begrüßt euch, zeigt, dass ihr euch freut, euer Kind zu sehen. Ruft nicht einfach aus der Küche ein »Hallo!« und lasst das Kind allein im Flur stehen. Dann müsst ihr euch nicht wundern, wenn es die Schuhe abstreift, in sein Zimmer geht und sich bis zum Abendessen nicht mehr blicken lässt.

Deshalb empfehle ich Folgendes: Begrüßt einander, unterbrecht eure Tätigkeit, geht auf euer Kind zu, gebt ihm so viel Körperkontakt, wie es zulässt (das kann bei älteren Kindern auch einfach nur ein leichtes Berühren des Armes oder der Schulter sein) und sagt außer einfach nur »Hallo« auch noch: »Schön, dass du da bist. Hattest du einen schönen Tag?« Auch wenn ältere Kinder meist nicht so redewillig sind und ein »Okay« brummen werden, zeigt ihr mit der Frage: »Ich freue mich, dich zu sehen, und es ist mir nicht egal, wie es dir geht.« Natürlich solltet ihr auch in diesem Fall das Smartphone liegen lassen und euch mit voller Aufmerksamkeit eurem Kind widmen.

Kommt das Kind ins Reden oder merkt ihr, dass es etwas bedrückt, dann nehmt euch die Zeit, die euer Kind nun braucht, egal, ob die Hausaufgaben warten. Für den Übergang und das »Ausfragen« von Schulkindern gelten ähnliche Regeln wie bei Kindergartenkindern

(siehe Kapitel »Vertrauen durch aktives Zuhören«, S. 95): kein Fragegewitter, sondern offene Fragen. Auf das Kind eingehen. Nicht drängen, sondern dem Kind Zeit zum Ankommen geben.

Schluss mit Multitasking!

Einen weiteren Tipp solltet ihr beherzigen, auch wenn es manchmal
schwerfällt: Lasst das Multitasking! Multitasking ist ein Irrtum. Es
funktioniert einfach nicht. Studien haben ergeben, dass man mehrere
Dinge nicht gleichzeitig erledigen kann. Es scheint nur so. Aber in
Wirklichkeit springen wir unmerklich zwischen den einzelnen Tätigkeiten. Mit dem Ergebnis, dass wir uns jedes Mal wieder neu »ein-
arbeiten« müssen. Und das kostet Zeit. Es sind zwar jedes Mal nur wenige Momente, wenn wir vom Telefonieren zum E-Mails-Checken
wechseln, aber diese Momente summieren sich. Und jedes Mal beim
Springen zwischen den Tätigkeiten geht die Konzentration flöten, die
Fehler häufen sich. Ihr kennt das bestimmt: Man glaubt, nebenher
beim Telefonieren eine E-Mail lesen zu können, und stellt nach dem
Telefonat fest, dass man sowohl beim Telefonat als auch beim Lesen
der Mail jeweils nur die Hälfte verstanden und sich gemerkt hat.

Also: Macht einen Schritt nach dem anderen. Davon habt nicht nur ihr
mehr, sondern auch eure Kinder. Denn sie merken, wenn ihr nur halb
für sie da seid. Nehmt euch also Zeit für die Kindergartengeschichten
eurer Kinder und beantwortet erst danach die wichtige E-Mail. Oder
sagt euren Kindern: »Moment, ich muss mal kurz etwas aufschreiben,
dann bin ich wieder für euch da.« Wenn Kinder merken, dass man mit
den Gedanken woanders ist oder beim Basteln etwas nebenher erledigt, dann versuchen sie oft genau in diesen Momenten, die Aufmerksamkeit auf sich zu ziehen. Da kippt zufällig genau dann ein Glas
um. Oder genau dann wird der Bruder gezwickt. Oder ein Kind muss
aufs Klo. Oder ist plötzlich am Verhungern. Und die gute Stimmung
kippt von einem Moment auf den anderen. Deshalb denkt immer
dran: Der Verzicht auf Multitasking bessert die Stimmung und vermeidet Streit und Geschrei am Nachmittag.

Kapitel 6
Haushalt und Einkaufen

Hausarbeit als Quality Time?

Wer nicht gerade in der Luxussituation ist, täglich eine Haushaltshilfe zu haben (oder einen putzsüchtigen Mann, der alles in Schuss hält), kommt um eines leider nicht herum: den Haushalt. Selbst, wenn man eine Haushaltshilfe hat, die einmal die Woche den Großputz erledigt oder man sich am Wochenende selbst um das Putzen kümmert, gibt es noch die täglichen Aufgaben im Haushalt, die man einfach nicht aufschieben kann. Der Wäscheberg, der fast täglich abgetragen werden muss und dennoch nie kleiner wird. Der Geschirrspüler, der zwar das Spülen abnimmt, aber dafür ein- und ausgeräumt werden möchte. Das Verstauen der Einkäufe, das Beseitigen der schlimmsten Krümel unter dem Tisch, das Essen vorbereiten, den Tisch decken, den Müll rausbringen – es lässt sich eben nicht alles auf einen Großreinetag am Wochenende schieben. Und ganz ehrlich: Wer will schon alles geballt am Samstag erledigen, wenn endlich einmal alle frei haben?!

Diese täglichen Haushaltspflichten müssen nun also auch noch untergebracht werden in den drei, vier Stunden, die zwischen dem Abholen und dem Ins-Bett-Bringen der Kinder liegen. Denn – das möchte ich mal klarstellen – wenn die Kinder im Bett sind, ist der Haushalt für euch tabu! Dann ist nämlich euer Feierabend – das sind eure zwei Stunden. Natürlich spricht nichts dagegen, beim Fernsehen etwas zu bügeln oder die Wäsche zusammenzulegen. Aber ihr solltet dann auf keinen Fall in der Küche stehen und den Geschirrspüler einräumen. Und nein, ihr putzt dann auch bitte keine Fenster mehr.

Was muss im Haushalt erledigt werden?

Tägliche Aufgaben

- Arbeitsflächen und Herd in der Küche abwischen
- Geschirr spülen oder in die Spülmaschine einräumen
- Müll ausleeren
- Betten aufschütteln
- je nach Höhe der Wäscheberge: Wäsche waschen und zusammenlegen

Mindestens einmal wöchentlich

- Staubsaugen
- Bad komplett reinigen
- Staubwischen
- Böden wischen
- Blumen gießen

Monatlich

- Bettwäsche wechseln (evtl. auch häufiger)
- Kühlschrank reinigen
- abgelaufene Lebensmittel aussortieren

Kinder oder Haushalt? Nein, Kinder und Haushalt!

Und nun steckt ihr im Dilemma: Ihr wollt eure kostbare freie Nachmittagszeit mit euren Kindern verbringen und nicht damit, die Wäsche aufzuhängen und das Gemüse für das Abendessen zu schnippeln. Ihr habt ein schlechtes Gewissen, weil ihr das Abendbrot zubereitet, anstatt mit euren Kindern zu basteln. Aber ihr müsst kein schlechtes Gewissen haben! Denn wie bereits beschrieben: Auch gemeinsame Arbeit im Haushalt ist gemeinsam verbrachte Zeit. Dabei rede ich nicht von Kinderarbeit. Die ist und bleibt verboten. Es geht um kleine Aufgaben im Haushalt, die Kinder auch schon mit zwei Jahren erledigen können – und tatsächlich auch gerne übernehmen. Kinder helfen gerne mit und sind stolz, wenn sie eigenen Aufgaben übertragen bekommen und das Gefühl haben, dass man ihnen Verantwortung anvertraut. In der Familie mitzuhelfen vermittelt das Gefühl »Ich werde gebraucht«. Das dürfen auch mal schwierigere Aufgaben sein, denn Kinder brauchen Herausforderungen.

Wenn man Kinder lässt, können sie schon erstaunlich viel selbst erledigen. Gerade im Alter von zwei bis vier Jahren machen Kinder uns Erwachsene gerne nach und lieben es beispielsweise, ebenfalls mit einem Staubwedel herumzufuchteln, wenn Mama und Papa das tun. Diese Lust am Imitieren sollten wir uns zu Nutze machen! Auch wenn ein Zweijähriger am Anfang noch nicht wirklich eine Hilfe beim Staubwischen ist, wird spielerisch der Spaß an der Sache geweckt und das Kind frühzeitig daran gewöhnt, im Haushalt mitzuhelfen.

Sind die Kinder etwas älter, könnt ihr ihnen schon kleine Aufgaben übertragen. Schon Dreijährige können Mohrrüben mit dem Sparschäler schälen oder das Besteckfach des Geschirrspülers ausräumen und in die Besteckschublade sortieren (die spitzen Messer solltet ihr vorher natürlich selbst ausräumen). Auch beim Wäschezusammenlegen können Kinder schon im Kindergartenalter mithelfen. Wichtig hierbei: Macht euch frei von eurem Perfektionismus! Die eigenen Ansprüche müsst ihr vielleicht ab und zu über Bord werfen. Von der Mohrrübe mag am Ende nur noch halb so viel übrig sein, wie wenn ihr sie geschält hättet, und in der Besteckschublade sind zwei Gabeln bei den Löffeln gelandet. Na und?! Wenn ihr jetzt anfangt nachzusortieren, demotiviert ihr euer Kind und beim nächsten Mal ist die Bereitschaft zu helfen nur noch halb so groß.

Und bitte nehmt den Zeitdruck aus der Hausarbeit: Eltern neigen dazu, Kindern viele Dinge abzunehmen, weil es schneller geht, wenn man es eben mal schnell selbst übernimmt. Aber auf Dauer machen wir es unseren Kindern damit zu leicht und riskieren, dass sie später gar nicht mehr helfen und auch gar nicht einsehen, wieso sie jetzt mit anpacken sollen. Wenn wir unsere Kinder so lange »schonen«, bis sie 14 sind, dann müssen wir uns nicht wundern, wenn sie dann Widerstand leisten und nicht einsehen, wieso sie auf einmal den Geschirr-spüler einräumen sollen. Das sind dann die Kinder, die mit 20 von zu Hause ausziehen und noch nie in ihrem Leben eine Waschmaschine bedient haben, geschweige denn wissen, wie man Spaghetti kocht.

Wichtig, um Kinder zum Helfen zu motivieren, ist, dass niemand un-fair behandelt wird und dass wir Eltern mit gutem Beispiel voran-gehen. Also ohne groß zu nörgeln den Haushalt erledigen und so zeigen: Der Haushalt gehört zum Leben dazu und kann sogar Spaß machen. Wichtig ist es auch, die Väter miteinzubeziehen. Eine Umfra-ge des Instituts für Demoskopie in Allensbach hat ergeben, dass Kin-der häufiger mithelfen, wenn auch die Väter regelmäßig im Haushalt mitanpacken. Also, liebe Väter, auch, wenn ihr abends erst um 19 Uhr zum gedeckten Abendbrottisch zu Hause erscheint – räumt dann zu-mindest nach dem Essen den Geschirrspüler mit ein, statt euch mit der Tageszeitung aufs Sofa zu verkrümeln.

Kinder-Zitat

> Mama meckert immer rum, dass ich in der Küche helfen soll. Aber wieso darf Papa einfach am Tisch sitzen und die Zeitung lesen? Und ich soll den Tisch decken? Das finde ich unfair.

Im Haushalt lernen Kinder für das Leben

Kinder in die Hausarbeit mit einzubeziehen, ist also keine Strafe (und sollte auch nie als solche benutzt werden), sondern pädagogisch wert-voll. Es stärkt das Selbstbewusstsein der Kinder und hilft ihnen dabei, selbständig zu werden. Ganz abgesehen davon, dass Kinder so frühzei-tig lernen, wie man einen Haushalt organisiert und später auch allein führt. Es geht sogar noch weiter: Eine amerikanische Studie hat er-geben, dass der größte Einflussfaktor für ein erfolgreiches Erwachse-nenleben nicht der IQ des Kindes oder die Schulbildung der Eltern ist, sondern die Tatsache, in welchem Ausmaß Kinder mit drei bis vier Jahren bei Haushaltätigkeiten miteinbezogen wurden. Der Grund, so die Forscher: Wenn man von Anfang an das Gefühl hat, einem wird etwas zugetraut, hat man es als Erwachsener leichter, selbst Entscheidungen zu treffen.

Durch das Helfen im Haushalt erwerben Kinder wichtige Alltagskompetenzen und lernen ganz nebenbei auch Dinge wie Zählen (Wie viele Gabeln brauchen wir?), Kategorisieren (Heute kommt nur die weiße Wäsche in die Waschmaschine) oder das Verständnis für Raum und Größe (Vier Teller wiegen mehr als einer und nur sieben Teller passen übereinander in den Küchenschrank). Diese Alltagskompetenzen wirken sich Studien zufolge genauso stark auf den Schulerfolg des Kindes aus wie die Schulbildung der Eltern.

Das sind alles gute Gründe, weshalb Eltern ihre Kinder ohne Scheu frühzeitig in die Hausarbeit einbeziehen sollten – je kleiner die Kinder, desto spielerischer. Da kann das Sockenzusammenlegen zu einer Art Memoryspiel werden, bei dem die Kinder mit Freuden mitmachen. Und bei aller Freude am Helfen: Kinder sollen natürlich noch genug Zeit haben, einfach Kinder zu sein und zu spielen, und nicht rund um die Uhr mit anpacken.

Damit alle wissen, was zu tun ist, kann bei größeren Kindern ein Haushaltsplan helfen, in dem ihr festhaltet, wer an welchen Tagen welche Tätigkeiten zu erledigen hat. Dabei solltet ihr auf Gerechtigkeit achten – jedes Kind muss mal den Müll rausbringen oder die Toilette putzen. Den Haushaltsplan erstellt ihr am besten in einer ruhigen Minute mit allen Familienmitgliedern. Bereitet den Plan vorher schon einmal vor, damit beim gemeinschaftlichen Verteilen der Aufgaben nicht zu viel diskutiert und zerredet wird. Dieser Plan kann zum Beispiel eine Magnettafel sein, auf der die einzelnen Tätigkeiten für jeden Tag stehen. Jedes Familienmitglied bekommt einen anderen Magneten zugeordnet, der dann in die entsprechende Spalte gesetzt wird. So ist auf einen Blick ersichtlich, was erledigt werden muss und wer damit an der Reihe ist.

Ganz abgesehen davon, dass Kinder durch Haushaltätigkeiten selbständiger werden, besser auf das Leben vorbereitet sind und uns tatsächlich Arbeit abnehmen, ist gemeinsame Hausarbeit eine gute Möglichkeit, miteinander Zeit zu verbringen. Wenn ihr mit kleineren Kindern spielerisch an die Dinge herangeht, ist es für sie tatsächlich wie eine Art Spiel mit Mama und Papa. Werden Kinder älter, ist das gemeinsame Kochen oder Wäscheaufhängen auch eine gute Gelegenheit, miteinander ins Gespräch zu kommen, ohne dass eine typische Verhörsituation entsteht. Ganz nebenbei entstehen so oft die besten Gespräche und gerade Kinder, die sonst eher wenig erzählen, tauen plötzlich auf. Diese Gelegenheit solltet ihr euch dann nicht entgehen lassen und wirklich zuhören und auf eure Kinder eingehen.

 ## Haushaltstätigkeiten – Was können Kinder ab welchem Alter?

ab ca. eineinhalb Jahren:

- schmutzige Wäsche in den Wäschekorb werfen
- aufwischen, wenn etwas verschüttet wurde
- beim Wäscheaufhängen Wäscheklammern oder nasse Wäsche aus dem Wäschekorb reichen
- beim Staubsaugen helfen
- Spielzeug in Kisten räumen

ab zwei Jahren:

- Handtücher zusammenlegen
- Wäsche nach Farben sortieren
- Staubwischen
- nasse Wäsche aus der Waschmaschine ausräumen
- mit Feger und Schaufel umgehen

ab drei Jahren:

- mit einem stumpfen Messer Bananen zerkleinern
- den Tisch decken
- Besteckschublade einsortieren
- Möhren oder Gurken schälen
- mit etwas Anleitung Blumen gießen

- Socken sortieren
- von einem niedrigen Wäscheständer Wäsche abnehmen und den Eltern zum Zusammenlegen reichen
- einfache Kleidungsstücke selbst zusammenlegen
- Geschirr abtrocknen (am besten nichts Zerbrechliches)
- beim Backen mithelfen, z. B. Mixer halten, etwas in die Schüssel füllen

ab vier bis fünf Jahren:

- auch zerbrechliches Geschirr abtrocknen
- Wäsche aufhängen
- Waschbecken auswischen
- den Mixer beim Kuchenbacken alleine halten
- Zutaten beim Kochen und Backen abwiegen
- beim Abwaschen helfen

ab sechs Jahren:

- das eigene Bett machen
- Staubsaugen
- Esstisch abwischen
- Schuhe putzen
- Geschirrspüler einräumen
- Obst und Gemüse mit einem etwas schärferen Messer zerkleinern
- allein ein Brot schmieren
- unter Anleitung erste Gerichte kochen
- Betten beziehen helfen
- Unkraut jäten
- Müll rausbringen
- Fegen und Staubsaugen
- Toilettenpapier ersetzen

ab acht bis zehn Jahren:

- spätestens jetzt die Frühstücksbox selbst zubereiten
- Wäsche zusammenlegen
- beim Kochen helfen
- den Geschirrspüler ausräumen
- nach Anleitung die Waschmaschine anstellen
- auf einem niedrigen Wäscheständer Wäsche aufhängen
- kleinere Einkäufe erledigen
- Toilette putzen

ab elf bis zwölf Jahren:

Kinder können bei fast allen Tätigkeiten im Haushalt und auch im Garten mithelfen – und sollten auch konsequent mit einbezogen werden. Wenn sie es jetzt nicht lernen, dann werden sie es in der Pubertät ganz bestimmt nicht mehr lernen, jedenfalls nicht freiwillig.

Einkaufen mit Kindern

Das Drama beginnt schon am Eingang des Supermarktes. Zumindest, wenn man mindestens zwei Kinder hat. Wer darf den Einkaufswagen schieben? Alternativ: Wer darf den Einkaufskorb tragen? Elegant gelöst mit zwei Einkaufswagen oder zwei Körben. Doch so ein Gang durch den Supermarkt hat noch weitere Tücken. Natürlich müssen die Einkäufe gerecht auf beide Einkaufswagen aufgeteilt werden und wehe, der eine hat einen Apfel mehr als der andere. Und egal, wie man sich bemüht, der Weg führt immer – absolut immer! – am Süßigkeitenregal vorbei, wo man um Diskussionen nicht herumkommt: »Wieso hast du eigentlich sooo lange schon keine Schokokekse mehr gekauft?« (Die hatten wir zwar gerade erst vorgestern, aber das ist aus Sicht eines Fünfjährigen natürlich schon sehr lange her.) Tückisch kann auch das Kühlregal sein, denn so ein Vanillepudding übt ähnliche Anziehungskraft auf kleine Kinder aus wie eine Packung Schokolinsen. Wenn man den Hindernisparcours Supermarkt endlich hinter sich gebracht hat, wird an der Kasse munter alles aufs Band geworfen, auch die Eier – oder alternativ genau dort gestanden, von wo man eigentlich die Einkäufe auf das Band befördern möchte. Und während man irgendwie versucht, die vorbeifliegenden Einkäufe zu verstauen, das trotzende Kind zu ignorieren und die Frage nach der Treuekarte zu verneinen, stellt man fest, dass man die Butter vergessen hat.

Mama-Zitat

Da ich es vor dem Abholen meines Sohnes nicht schaffe, beim Supermarkt vorbeizufahren, muss ich meinen Sohn wohl oder übel mit
zum Einkaufen nehmen. Es endet fast jedes Mal in einem riesigen
Geschrei und ich gebe immer nach. Mal ist es ein Überraschungsei,
mal die Kinderzeitschrift mit dem Plastikspielzeug vorne drauf, er
will einfach immer etwas haben und alles Diskutieren nützt nichts.
Mein Mann findet, dass ich nicht streng genug bin, und regt sich
immer darüber auf, dass ich nachgebe und es etwas kaufe. Aber
er war ja auch noch nie mit unserem Sohn zusammen einkaufen,
er hat gut reden! Ich kann das Geschrei einfach nicht ertragen und
die Blicke der Leute schon gar nicht.«

Oh ja – Einkaufen mit Kindern ist eine der Königsdisziplinen unserer
Elternschaft. Es gibt Tage, an denen klappt alles wunderbar. Und es
gibt diese Tage, an denen man am Ende nicht nur mit dem Einkaufen
fertig ist, sondern auch mit den Nerven. So ein Einkauf kann die gute
Stimmung, die man bis dato noch hatte, endgültig zerstören und den
Rest des Nachmittags versauen.

Am besten ist es, den Einkauf ohne die Kinder zu erledigen. Ich habe
mir angewöhnt, so oft es geht, morgens einzukaufen, nachdem ich die
Kinder im Kindergarten abgeliefert habe. Dann ist zudem der Supermarkt schön leer und man ist schneller durch die Gänge als nachmittags um 16 Uhr. Da das aber nicht immer geht, komme auch ich nicht
immer um das Einkaufen mit Kindern herum. Ganz abgesehen davon,
dass so ein Einkauf nun mal zum Alltag gehört und Kinder auch lernen
sollen, wie man sich in einem Supermarkt verhält und Obst abwiegt.
Deshalb solltet ihr eure Kinder auch nicht komplett vom Einkaufen
fernhalten.

So macht Einkaufen mit Kindern allen Spaß

Wenn ihr allerdings die Wahl habt, erledigt nicht gerade euren Wocheneinkauf direkt nach einem stressigen Bürotag mit einem vom Kindergarten total erledigten Kind um vier Uhr nachmittags, wenn die halbe Stadt nach der Arbeit noch mal eben einkaufen will. Es gibt bessere Zeitpunkte, glaubt mir. Aber wenn ihr ein paar Punkte beachtet, kann das Einkaufen sogar richtig Spaß machen – und zwar Eltern und Kindern! Dann kann auch das Einkaufen zu der viel zitierten »Qualitätszeit« zählen: Denn bei dieser Art gemeinsamen Einkaufens seid ihr in Interaktion mit euren Kindern, unternehmt gemeinsam etwas und seid den Kindern zugewandt. Allerdings gibt es ein paar Punkte, die ihr beachten solltet:

Nicht mit übermüdeten und hungrigen Kindern einkaufen gehen!
Falls ihr also nach dem Kindergarten noch einkaufen müsst, empfiehlt es sich, erst ein Brötchen zu essen und dann gestärkt und nicht völlig unterzuckert weiterzuziehen.

Gute Planung ist alles. Tatsächlich erleichtern ein Essensplan für die Woche und eine gut strukturierte Einkaufsliste das Familienleben. Ich gebe es zu: Ich komme nicht immer dazu und mir fehlt oft die Geduld, für sieben Tage im Voraus die Mahlzeiten zu planen. Und viel zu oft bekomme ich spontan im Laufe des Tages Appetit auf etwas ganz anderes, als auf meinem Essensplan steht. Aber die Wochen, in denen ich einen Essensplan aufstelle, sind deutlich stressreduzierter. Wie man so einen Wochenplan für das Familienessen erstellt, werde ich in Kapitel »Ein Essensplan für die Woche« (S. 130) genauer erklären.

Vergesst den Einkaufszettel nicht! Eine Einkaufsliste hilft, dass ihr nicht orientierungslos und ideenlos vor dem Kühlregal steht und dann am Ende die Hälfte vergessen habt. Ihr könnt euren Kindern so leicht kleine Aufgaben geben, zum Beispiel je nach Alter verschiedene Dinge zusammensuchen, Obst abwiegen oder in Tüten abfüllen und später mithelfen, die Einkäufe aufs Band zu legen. Wenn die Kinder beschäftigt sind, nach dem Knäckebrot zu suchen, besteht auch eine gute Chance, dass sie vor lauter Knäckebrot das Süßigkeitenregal übersehen.

Vor dem Einkaufen Absprachen treffen. Um Wutanfällen vorzubeugen, könnt ihr vor dem Supermarktbesuch Absprachen treffen, zum Beispiel: »Heute gibt es eine süße Sache, die ihr euch selbst aussuchen dürft.« Dann kommt es gar nicht erst zu Wutanfällen. Aber Vorsicht: Je nach Alter solltet ihr den Kindern nur einige wenige Süßigkeiten zur Auswahl geben, damit sie nicht überfordert sind mit der Entscheidung, was sie denn gerne hätten.

Vorsicht: Spielzeugregal! Eine andere Quengelfalle ist das Spielzeugregal, vor dem Kinder stundenlang stehen könnten, wenn man sie ließe. Am besten besucht man Supermärkte ohne Spielzeugabteilung, um gar nicht erst Begehrlichkeiten zu wecken. Ansonsten hilft es, das Kind zu fragen: »Möchtest du das gerne zum Geburtstag? Dann merke ich mir das.« Schon fühlt sich das Kind ernst genommen und ist nicht traurig, dass das Objekt der Begierde nicht sofort in den Einkaufswagen gepackt wird.

Einkaufen auf dem Wochenmarkt. Endgültig zur Familienzeit wird das Einkaufen, wenn ihr daraus ein schönes Ritual macht: Wie wäre es, samstags mit den Kindern den Wochenmarkt zu besuchen? Dort gibt es viel zu sehen und das Einkaufserlebnis ist noch einmal ein ganz anderes als in einem überfüllten Supermarkt. Es gibt viel zu probieren, oft bekommen die Kinder sogar ein Brötchen oder ein Würstchen geschenkt. Und wenn alles eingekauft ist, gibt es für die ganze Familie zum Abschluss noch ein belegtes Brötchen, einen Kaffee oder ein süßes Stückchen am Bäckerstand – diese Dinge sind es, an die sich Kinder ihr ganzes Leben lang erinnern und die aus dem Einkaufen ein gemütliches Wochenendritual machen! Logisch, dass das dann zur Qualitätszeit zählt.

Kapitel 7
Das leidige Thema Hausaufgaben

Hausaufgaben ohne Stress und Druck

Hausaufgaben sind in vielen Familien ein leidiges Thema, das zu echten Stressmomenten und Streitereien am Nachmittag führen kann. Seit mein großer Sohn in die Schule geht, erlebe ich es hautnah mit: Die Hausaufgaben passen selten in unseren Tagesablauf und sie sind nur schwer in einer bestimmten Zeit unterzubringen.

Am besten ist es natürlich, wenn die Hausaufgaben in der Nachmittagsbetreuung der Schule gemacht werden können. Aber nicht überall wird es so gehandhabt, oft kommen AGs dazwischen oder nur ein Teil der Hausaufgaben wird auch in der vorgesehenen Betreuungszeit geschafft. Ganz abgesehen davon, dass Eltern trotzdem regelmäßig mit ihren Kindern die Hausaufgaben besprechen sollten. Das ist nötig, um dranzubleiben, was Thema im Unterricht ist, und um abzuschätzen, wo das Kind steht, was gut klappt und wo mehr getan werden muss. Nicht zuletzt geht es auch darum, dem Kind zu zeigen: »Ich interessiere mich für das, was du jeden Vormittag in der Schule machst.«

Also auch, wenn das Kind in der Nachmittagsbetreuung die Hausaufgaben erledigt, solltet ihr jeden Tag einen Blick darauf werfen, euch erklären lassen, was euer Kind machen musste, was ihm dabei leichtfiel und was nicht so leicht. Ein lockeres »Und, was habt ihr heute in Mathe gemacht?« oder »Wie kommst du mit der Schreibschrift zurecht?« ist ein guter Gesprächseinstieg. Damit das Durchblättern und Anschauen der Schulhefte nicht in eine Kontrollatmosphäre ausartet, die Kinder unter Druck setzt und eine gereizte Stimmung entstehen lässt, helfen eigene Anekdoten zum Auflockern wie »Ach ja, Bruchrechnung fand ich früher auch schwer, bis es endlich klick gemacht hat« oder »Ich hatte früher richtig Spaß am Schönschreiben, kannst du dir das vorstellen, bei meiner Sauklaue heute?«.

Auch wenn es darum geht, für Klassenarbeiten und Tests zu üben oder Referate vorzubereiten, solltet ihr das nicht auf die Nachmittagsbetreuung abwälzen, sondern dranbleiben und selbst mit eurem Kind lernen. Nur so bekommt ihr einen wirklichen Überblick über den Leistungsstand und nur so könnt ihr rechtzeitig eingreifen, wenn das Kind einen Lernrückstand hat – bevor dieser zu groß ist und nur noch mit viel Aufwand aufgeholt werden kann.

Der richtige Zeitpunkt für die Hausaufgaben

Mama-Zitat

Ich wünschte, die Hausaufgaben würden abgeschafft werden! Jeden Nachmittag dasselbe Theater. Meine Tochter hat einfach keine Energie mehr nach dem langen Schultag. Egal, wann sie sich daransetzt, es ist immer der falsche Zeitpunkt. Direkt nach der Schule braucht sie eine Pause, da kann man es total vergessen. Vorm Abendessen ist es zu spät, da ist sie müde und kann sich gar nicht mehr konzentrieren. Und am Nachmittag will sie ja auch Freundinnen treffen. Wir streiten uns fast jeden Tag, ich kann einfach nicht mehr!

Gerade wenn man mehrere Kinder hat, gewinnt man den Eindruck, dass es den richtigen Zeitpunkt für Hausaufgaben gar nicht gibt. Auf jeden Fall sollten die Kinder ausgeruht an die Aufgaben herangehen und nicht übermüdet, unterzuckert oder überdreht sein, um sie konzentriert erledigen zu können. Das ist die wichtigste Voraussetzung dafür, Streit und Fehler zu vermeiden und nicht zu lange an den Hausaufgaben zu sitzen.

Wann sollten die Schulaufgaben also erledigt werden? Direkt nach der Schule? Oder erst einmal runterkommen? Direkt nach der Kakaopause? Oder erst draußen das schöne Wetter genießen? Vor dem Abendessen? Dann ist aber oft die Luft bereits raus und das Kind lümmelt nur noch lustlos am Schreibtisch herum. Oder sogar erst nach dem Abendessen, wenn zum Beispiel kleinere Geschwister ins Bett gebracht werden und Ruhe einkehrt im Haus? Wie bringt man die Hausaufgaben unter, wenn Verabredungen mit Freunden anstehen oder der Gitarrenunterricht am Nachmittag?

Am richtigen Zeitpunkt scheiden sich die Geister. Klar ist: Unser Biorhythmus hat zwischen 15 und 17 Uhr sein Nachmittagshoch. Das bedeutet, dass wir in diesem Zeitraum besonders leistungsfähig und aufnahmebereit sind. Optimal ist es, wenn zwischen der letzten großen Mahlzeit (also nicht dem kleinen Snack, aber beispielsweise dem Mittagessen) und den Hausaufgaben etwa 90 Minuten liegen. Dann ist der Körper nicht mehr mit der Verdauung beschäftigt und die Konzentrationsfähigkeit ist höher.

Der richtige Zeitpunkt variiert jedoch von Kind zu Kind – und auch von Tagesform zu Tagesform. Deshalb solltet ihr beim Finden des richtigen Zeitpunkts auch euer Kind miteinbeziehen. Möchte es lieber direkt nach der Schule die Pflicht erledigen, um dann den freien Nachmittag zu genießen? Oder möchte es erst spielen oder sich ausruhen und sich dann erholt vor dem Abendbrot noch einmal daransetzen? Gerade im Winter, wenn die Tage kurz sind, möchte man auch gern das Tageslicht nutzen, um auf den Spielplatz oder in den Garten zu gehen. Das alles solltet ihr beim Finden des richtigen Zeitpunkts mit berücksichtigen, genauso wie Termine von Schul-AGs oder Sportunterricht. Es empfiehlt sich, gemeinsam mit dem Kind einen Wochenplan zu erstellen, an welchem Wochentag wann das beste Zeitfenster für die Hausaufgaben ist. Dieser Zeitpunkt sollte dann wie ein fester Termin in den Kalender eingetragen werden, dann wird er auch eher vom Kind akzeptiert.

Grundsätzlich ist es so, dass Kinder zu späterer Stunde immer unkonzentrierter werden, aber auch das ist eine Typfrage. Je älter Kinder sind, umso besser klappt auch das spätere Erledigen der Hausaufgaben. Generell hilft ein regelmäßiger Zeitpunkt für die Hausaufgaben jedoch, dass Kinder sich konzentriert und ohne Theater an die Arbeit setzen. Dieser Zeitpunkt muss natürlich nicht nach der Uhr festgelegt werden, aber wenn Kinder wissen, dass sie nach der Schule erst einmal etwas essen und trinken und dann eine halbe Stunde Hausaufgaben machen, bevor sie Freunde treffen oder im Garten spielen, fällt es ihnen leichter, die Pflicht hinter sich zu bringen. Zumindest eine kleine Atempause zwischen dem Nachhausekommen und dem Anfangen der Hausaufgaben sollte sein. Meistens haben Kinder nach der

Schule auch erst einmal Hunger, selbst wenn sie in der Mittagspause ein Essen bekommen haben.

Wo sollten die Hausaufgaben gemacht werden?

Es gibt kein Gesetz, das vorschreibt, dass Kinder ihre Hausaufgaben im starren Sitzen am Schreibtisch erledigen müssen. Viele Kinder lümmeln beim Lesen gerne auf dem Sofa oder schreiben auf dem Fußboden. Meine Kinder lieben es, auf dem Boden zu basteln und zu malen. Für Schönschreibeübungen oder das Zeichnen von geometrischen Figuren im Matheunterricht ist der Schreibtisch natürlich besser und ergonomischer. Aber die Hauptsache ist: Das Kind fühlt sich wohl dabei und schreibt leserlich.

Überhaupt solltet ihr euer Kind dynamisch sitzen lassen, denn das ist das Beste für den Körper. Probiert es selbst aus, wenn ihr am Schreibtisch sitzt: mal gerade sitzen, dann wieder zurückgelehnt, mal auf der Stuhlkante, dann ein wenig wippend. Der Rücken bedankt sich für diese Abwechslung. Auch das Wippen auf einem Gymnastikball kann manchen Kindern guttun und zu mehr Konzentration verhelfen. Der frühere Ratschlag, möglichst aufrecht zu sitzen, ist überholt. Wir sitzen sowieso zu viel und zu lange (Rückenschmerzen und Übergewicht sind die bekannten Folgen unserer Faulheit) – dabei braucht unser Körper viel Bewegung. Jugendliche verbringen heute im Durchschnitt neun Stunden am Tag sitzend!

Übrigens: Oft lassen sich Gedichte oder auch anderer Lernstoff leichter auswendig lernen, wenn man dabei herumlaufen darf. Lasst euer Kind einfach mal ausprobieren, womit es am besten klarkommt. Denn auch schon Erstklässler können einschätzen, was ihnen beim Lernen guttut.

Wie lange dürfen die Aufgaben dauern?

Das variiert je nach Klasse und Lehrer. Deshalb solltet ihr beim ersten Elternabend im Schuljahr diese Frage stellen. Wenn euer Kind dann an den Hausaufgaben sitzt, schaut auf die Uhr. Braucht es länger, weil es trödelt oder abgelenkt ist, kann es ruhig ein wenig länger als die vereinbarte Zeit am Schreibtisch sitzen. Am besten ist in so einem Fall eine kleine Pause, um danach konzentriert weiterzuarbeiten.

Grundschüler können etwa 15 bis 20 Minuten am Stück konzentriert arbeiten, dann benötigen sie eine kleine Pause, ältere Kinder brauchen spätestens nach einer halben Stunde eine fünfminütige Pause. Ein bisschen Bewegung, ein Schluck zu trinken oder ein bisschen Musik, bevor es mit neuer Konzentration weitergeht, verhelfen dem Körper zu neuer Energie. Die Pause sollte nicht zu lang sein, sonst ist die Motivation zum Weitermachen dahin. Handy oder Computer sind in diesen fünf Minuten tabu, da sie unnötige Ablenkung mit sich bringen.

Merkt ihr jedoch, dass euer Kind viel zu müde für die Hausaufgaben ist und wirklich nichts Sinnvolles mehr dabei herauskommt, unterbrecht es und schreibt dem Lehrer ein paar Zeilen mit einer Erklärung. Gebt dem Lehrer auch Bescheid, wenn euer Kind regelmäßig länger als die vereinbarte Zeit an den Hausaufgaben sitzt. Dann liegt es entweder daran, dass der Lehrer zu viel aufgibt und sich vielleicht im Leistungsstand der Klasse verschätzt, oder daran, dass euer Kind nicht ganz mit dem Unterrichtsstoff klarkommt.

Wie viel Hilfe bei den Hausaufgaben?

Wir sollten uns eines merken: Hausaufgaben sind nicht die Aufgaben von uns Eltern, sondern die Aufgaben unserer Kinder. Sie sollen durch die Hausaufgaben das Gelernte vertiefen, trainieren und richtig anwenden. Dafür müssen sie nicht alles richtig machen. Denn Hausaufgaben sind auch dazu da, dass Lehrer den Lernfortschritt besser einschätzen können und wissen, wo die Schüler stehen. Lehrer benötigen die Rückmeldungen von den Eltern, um den Leistungsstand der Klasse und die tatsächliche Dauer von Hausaufgaben einzuschätzen. Was bringt es, wenn alle Schüler immer fehlerfreie Hausaufgaben vorliegen haben, weil die Eltern mitgeholfen haben? Der Lehrer denkt, die Schüler beherrschen den Stoff – obwohl es gar nicht stimmt –, und geht weiter im Lehrplan voran, während bei den Schülern immer mehr Lücken entstehen, die mit der Zeit schwerer zu schließen sind.

Wenn Eltern zu viel helfen und vorgeben, dann nehmen sie ihren Kindern auch die Chance, selbständig nachzudenken, Aufgaben zu lösen, Hindernisse zu erkennen und zu überwinden. Kindern, denen bei den Hausaufgaben zu viel geholfen wird, lernen nicht, Aufgaben allein zu lösen, und sehen oft nicht ein, weshalb sie sich in der Schule anstrengen sollten – schließlich wird ihnen ja alles abgenommen. Eltern tun ihren Kindern also keinen Gefallen, wenn sie für den Nachwuchs die Hausaufgaben erledigen oder ständig alles nachkontrollieren und verbessern.

Bei den Hausaufgaben ist es wie im gesamten Leben: Traut euren Kindern etwas zu! Sie können mehr, als ihr denkt. Es ist nicht die Aufgabe von uns Eltern, den Kindern alle Probleme abzunehmen – sondern ihnen zu zeigen, wie man diese Probleme allein löst. Nur das macht sie stark für das weitere Leben. Ein Zuviel an gut gemeinter Hausaufgabenhilfe kann sogar ins Gegenteil umschlagen, haben Studien gezeigt: Je mehr Eltern ihre Kinder bei den Hausaufgaben beaufsichtigen und sie kontrollieren, desto schlechter wurden die Schulleistungen, unabhängig von der Leistungsstufe. Denn Dinge werden einfach besser behalten, wenn man sie sich selbst erarbeitet hat, als wenn sie einem vorgebetet werden.

Lasst euer Schulkind also erst einmal allein die Hausaufgaben erledigen und macht deutlich: »Wenn du mich brauchst, bin ich da, frage dann einfach.« Bietet eurem Kind an, am Ende einmal alles mit ihm durchzugehen. Viel wichtiger, als dem Kind alle Antworten vorzugeben, ist es, ihm zu zeigen, wie es die Aufgaben und Probleme selbst lösen kann. Oft reicht als Unterstützung schon ein kleiner Hinweis oder Denkanstoß wie »Überlege noch mal und lies dir die letzte Seite noch mal ganz genau durch« oder »Schau noch mal, was du geschrieben hast, fällt dir da was auf?«. Und schon bemerken die Kinder ihren Fehler.

Fragen Kinder nach Unterstützung, ist es selbstverständlich, zu helfen und zu erklären – aber immer mit dem Ansatz »Hilfe zur Selbsthilfe« und bloß nicht oberlehrerhaft! Komplizierte Aufgaben könnt ihr zum Beispiel in einfach lösbare Teilaufgaben zerlegen und so dem Kind schnell ein Erfolgserlebnis verschaffen.

 Kein Stress beim Lernen!

Stress macht das Lernen schwieriger. Wird etwas mit Angst und unter Druck gelernt, wird beim Abrufen der Information immer das negative Gefühl damit verknüpft und das Gelernte dauerhaft mit etwas Negativem belastet.

Eltern sollten es vermeiden, wie ein Wachhund neben dem Kind zu sitzen und auf jedes Wort zu schauen. Oft ist das sogar kontraproduktiv und die Kinder machen erst recht Fehler oder können sich nicht richtig konzentrieren. Das Gefühl kennt doch eigentlich jeder selbst, oder? Erinnert ihr euch noch, wie es war, wenn der Lehrer früher hinter einem stand, über die Schulter schaute und man auf einmal kurz vor dem Blackout war? Oder wenn der Chef im Büro auf den Computerbildschirm schaut und man auf einmal gehemmt ist, weiterzuschreiben? Eben das Gefühl haben auch unsere Kinder, wenn wir ihnen die ganze Zeit bei den Hausaufgaben über die Schulter schauen. Echte Motivationskiller sind dann noch Ratschläge wie »Halte den Füller richtig!« oder »Pass auf, du machst doch einen Knick in die Seite!«. Beißt euch ganz schnell auf die Zunge, wenn ihr merkt, dass euch so ein Satz herausrutscht! Ebenso solltet ihr Lob und Kritik nicht auf euer Kind beziehen, sondern auf das, was es macht. »Du schreibst so schön ordentlich« statt »Du bist immer so ordentlich«. Lob gehört dazu, um Kinder zu motivieren – aber wie in der gesamten Erziehung sollte es wohl dosiert werden.

Die Lernbereitschaft der Kinder fördern

Es ist erwiesen: Am besten lernt man, wenn es aus eigenem Antrieb heraus geschieht. Deshalb ist es wichtig, die Lernbereitschaft und angeborene Neugier der Kinder zu fördern. Kleine Kinder sind Entdecker, wollen alles wissen und erforschen und haben ein unglaubliches Talent, sich auch das kleinste Detail zu merken. Diese Neugier geht leider oft in den ersten Schuljahren flöten. Doch Eltern können die Lernbereitschaft ihrer Kinder fördern und es ihnen so leichter machen, dem Unterricht zu folgen und sich in der Schule einzubringen.

Lernfördernd sind zum Beispiel:

- viel Vorlesen und Lesen (als Eltern mit gutem Beispiel vorangehen!)
- Büchereien und Museen besuchen
- Fragen beantworten und Kinder dabei motivieren, selbst nach Antworten zu suchen
- Bezug zwischen dem Lernstoff und der Umwelt herstellen
- gute Sachbücher zu den Unterrichtsthemen lesen
- Kinder experimentieren lassen, auch wenn sie dabei Chaos anrichten
- Selbständigkeit unterstützen, indem man die Kinder selbst etwas herausfinden lässt, anstatt alles immer gleich zu erklären
- erreichbare Ziele setzen
- bei Problemen nicht meckern, sondern Mut zusprechen und in der Lösungsfindung unterstützen

Was tun bei schlechten Noten?

Schlechte Noten solltet ihr nicht ignorieren, denn schließlich interessiert ihr euch für euer Kind und solltet ihm das auch zeigen. Aber das bedeutet nicht, dass ihr schimpfen oder überdramatisieren solltet. Schon gar nicht sollten Sätze fallen wie »Aus dir wird nie etwas!«. Verkneift euch Kommentare wie »Habe ich es nicht gesagt?« oder »War ja klar, wenn man lieber am Handy herumdaddelt, anstatt zu lernen«. Das wissen eure Kinder im Zweifel nämlich selbst.

Nehmt euch stattdessen die Zeit, schaut mit eurem Kind gemeinsam in die Klassenarbeit und besprecht, woran die schlechte Note lag. Hat das Kind eine Aufgabe falsch verstanden? Oder hat es sich falsch vorbereitet? Gibt es Wissenslücken, die geschlossen werden müssen? Hebt dann besonders hervor, was gut geklappt hat, denn irgendetwas war in den meisten Fällen gut. Es stärkt ein Kind zu wissen, dass es nicht alles schlecht gemacht hat.

Vergleicht, wo der Unterschied zwischen den gut erledigten Aufgaben und den nicht so gut erledigten Aufgaben liegt. Fehlte am Ende die Konzentration? Oder schlicht die Zeit? Dann könnt ihr daran anknüpfen und überlegen, wie sich die Konzentration länger aufrechterhalten lässt oder das Kind schneller arbeiten kann. Nicht immer liegt die zu knappe Zeit an mangelnder Übung (in vielen Fällen natürlich schon). Manchmal stellt man aber fest, dass es an so simplen und leicht zu behebenden Dingen wie einem unzureichend gespitzten Bleistift, einem fehlenden Radiergummi oder vom Frühstücksbrot noch klebrigen Fingern liegt!

 Tipps für die Hausaufgaben

- Eine aufgeräumte, ruhige Umgebung mit genügend Licht ist die Grundvoraussetzung.
- Die beste Zeit zum Lernen ist eineinhalb Stunden nach dem Essen, dann ist der Körper nicht mehr mit Verdauen beschäftigt, sondern fit und ausgeruht.
- Zwischen 15 und 17 Uhr hat der Biorhythmus des Körpers sein Nachmittagshoch, wir sind also besonders leistungsfähig.
- Ruhe oder leise Hintergrundmusik sind in Ordnung, lärmende und ablenkende Geschwister sollten den Raum verlassen.

- Alle 15 Minuten bei Erstklässlern, alle 20 Minuten bei Zweit- und Drittklässlern und alle 30 Minuten bei älteren Kindern verhilft eine etwa fünfminütige Pause zu neuer Energie und Konzentration. Am besten mit etwas Bewegung und zu trinken. Ein wenig Lüften bringt frischen Sauerstoff.
- Achtet darauf, dass euer Kind genug trinkt (mindestens 1 Liter am Tag) und stellt ihm immer ein Glas Wasser hin.
- Die richtigen Arbeitsmaterialien bereithalten, dazu gehören Tintenpatronen, Stifte, Papier und Radiergummi, sodass keine Zeit mit Utensiliensuchen verschwendet werden muss.
- Die einfachste Aufgabe als Erstes erledigen. Das motiviert und macht »warm« für die schwierigeren Aufgaben. Das Gehirn will tatsächlich aufgewärmt werden.
- Nicht wie ein Wachhund danebensitzen.
- Dem Kind nicht vorsagen, sondern es die Lösungen selbst erarbeiten lassen.
- Dem Kind deutlich machen: »Bei Problemen bin ich da und helfe dir, aber zuvor musst du es selbst versucht haben.«
- Kinder müssen während der Aufgaben nicht stillsitzen, sie dürfen auch auf dem Fußboden oder dem Sofa liegen oder auf einem Gymnastikball wippen.
- Ein weißes Blatt Papier, auf dem herum gekritzelt werden darf, hilft bei Schreibblockaden.
- Nie vergessen: Hausaufgaben sind zum Üben da! Sie müssen nicht perfekt sein, sondern sollen auch den Lehrern eine Rückmeldung über den Wissensstand der Schüler geben.
- Wenn es gar nicht mehr vorangeht, das Kind sich nicht mehr konzentrieren kann und die Situation zu eskalieren droht: Lieber abbrechen und erklärende Worte an den Lehrer schreiben.

Kapitel 8
Der Esstisch: Treffpunkt für die Familie

Gemeinsames Essen ist Quality Time

Die gemeinsamen Mahlzeiten waren schon immer der Zeitpunkt, zu dem sich die Familienmitglieder um den Tisch versammelten, um gemeinsam zu essen und sich zu unterhalten. Bis im 19. Jahrhundert die Industrialisierung viele Eltern in die Fabriken zwang, war es Usus, sich dreimal am Tag zu einer Mahlzeit am Tisch zu treffen.

Die Bedingungen für eine Familienmahlzeit haben sich heute geändert: Ein gemeinsames Mittagessen ist heutzutage schwer möglich, da die einen in der Schule essen, die anderen im Kindergarten und die Eltern in der Kantine. Auch ein gemeinsames Frühstück wird durch den morgendlichen Zeitdruck schwierig. Umso mehr sollte man sich beim Abendessen Zeit lassen und wenn es geht, so pünktlich Feierabend machen, dass diese Mahlzeit mit allen gemeinsam eingenommen werden kann.

Viele Familien kennen das Dilemma: Da kommt der Vater nach der Arbeit erst so spät nach Hause, dass die Kinder bereits bettfertig sind – und wieder war es nichts mit dem gemeinsamen Abendessen der ganzen Familie. Der Einfachheit halber spreche ich hier von Vätern – natürlich gibt es auch Mütter, für die das gilt. Aber machen wir uns doch nichts vor: In der Mehrheit sind es immer noch die Väter, die lange arbeiten und am spätesten Feierabend machen.

In diesen Fällen sollten Familien gemeinsam nach Lösungen suchen: Kann der Vater früher mit der Arbeit beginnen, um rechtzeitig zum Abendessen zu Hause zu sein? Vielleicht wenigstens an zwei Abenden in der Woche? Lässt sich das Abendessen eventuell ein bisschen nach hinten verschieben? Oder besteht die Möglichkeit, dass morgens alle früher aufstehen und Zeit bleibt, zumindest zusammen zu frühstücken?

Wenn es irgendwie geht: Versucht, eine Lösung zu finden. Mindestens einmal am Tag sollte die ganze Familie eine Mahlzeit gemeinsam einnehmen, um beisammen zu sein, über den Tag zu sprechen, zusammen zu lachen oder sich auch mal aufzuregen über den Mathelehrer. Es geht bei dem gemeinsamen Essen um mehr als nur Nahrungsaufnahme, sondern um Austausch, Anteilnahme, gegenseitiges Interesse und Zusammengehörigkeitsgefühl. Der Esstisch als Familientreffpunkt wird so zum Ruhepol im hektischen Alltag, zum Ritual, das den Familienzusammenhalt stärkt.

Wohlfühlatmosphäre statt Gemecker

Diese gemeinsame Mahlzeit muss nicht ausufernd lang sein, bis die Kinder unruhig hin- und herrutschen und quengelig werden. Wichtiger ist, dass sie stattfindet und dass sich alle gemeinsam am Tisch einfinden. Ohne Handy, ohne Fernseher, dafür aber mit voller Aufmerksamkeit für die Familie. Damit dies gelingt, bedarf es einer positiven Grundstimmung, in der sich jeder aufgehoben fühlt. Das Essen wird zelebriert und genossen, jeder darf von seinem Tag und seinen Gefühlen erzählen. Alle hören zu, es wird nicht gemeckert. Das Abendessen soll allen Spaß machen, es soll Vertrautheit und Geborgenheit vermitteln. Am Tisch soll den Kindern vermittelt werden: »Hier könnt ihr von eurem Tag berichten, ohne dass wir abgelenkt sind«.

Moment mal, sagt ihr nun. Gerade beim Abendessen kommt es doch so häufig zu Streit und Gemecker. Der eine meckert, weil er die Soße nicht mag, der andere lümmelt auf dem Stuhl und verteilt Reis auf dem Boden. Papa regt sich die ganze Zeit über seinen Chef auf und streitet dann mit Mama über die aktuelle Politik – und am Ende sind alle mit den Nerven fertig und die Mutter ist den Tränen nahe, weil die Kinder wieder nichts Gesundes gegessen haben, obwohl sie sich so viel Mühe mit dem Kochen gegeben hat. Das hört sich eher nach dem Gegenteil von Harmonie, Zusammengehörigkeitsgefühl und Mahlzeit als Ritual an.

Keine Sorge! Das muss nicht so sein. Wenn ihr einige Dinge beachtet, kann das Abendessen tatsächlich zu einer gemütlichen gemeinsamen Familienzeit werden. Zu Quality Time ganz ohne Streit und Gemecker. Das fängt bei der Essensplanung und der Vorbereitung an, geht über

Tischregeln und gegenseitige Rücksichtnahme weiter und endet mit dem gemeinsamen Abräumen.

Ein Essensplan für die Woche

Wochenpläne für das Essen sind eine geniale Erfindung. Sie erleichtern die Organisation des Familienalltags, und man spart auch noch Geld und Zeit dabei. Die tägliche Überlegung »Was koche ich heute?« kostet Zeit und Nerven. Glück haben da die Familien, in denen tatsächlich alle mittags eine warme Mahlzeit bekommen, sei es im Kindergarten oder bei der Arbeit. Da reicht abends auch einfach Brot, das man nett belegen und zu dem man Salat reichen kann, um es ein wenig grüner und gesünder zu machen.

Doch nicht immer erhalten alle Familienmitglieder mittags eine warme und vor allem vollwertige Mahlzeit. Viel zu oft wird im Büro nur schnell ein belegtes Brötchen verschlungen oder das Kochen fällt ganz aus, weil das Baby die Mutter zu Hause rund um die Uhr fordert. Für großen Küchenzauber fehlen abends auch oft die Nerven und die Zeit – aber es gibt viele kleinere Gerichte, die in weniger als 30 Minuten auf dem Tisch stehen und aus frischem Gemüse bestehen. Um nicht jeden Tag von Neuem im Supermarkt zu stehen, hilft ein Wochenplan, den ihr zum Beispiel am Wochenende mit allen gemeinsam aufstellen könnt.

Hierfür bietet sich eine Liste mit schnellen Gerichten an, die besonders gut bei den einzelnen Familienmitgliedern ankommen. Diese Favoritengerichte werden nun für Montag bis Freitag eingeplant. An den Wochenenden wird das gekocht, wonach einem besonders ist, auch mal länger und ausgiebiger – ein bisschen Spontanität soll ja auch noch bleiben.

Bei der Planung der einzelnen Tage solltet ihr darauf achten, dass der Essensplan ausgewogen und gesund ist – es also mal Reis, mal Kartoffeln, mal Nudeln gibt und verschiedenes Gemüse, um möglichst bunt zu essen. Am besten ist es, wenn immer eine Gemüseart dabei ist, die die Kinder mögen, damit sie mit den nötigen Vitaminen versorgt sind.

Idealerweise gibt es zum Nachtisch einen Apfel, eine Banane, eine Birne oder Beeren. Um Gemecker der Kinder vorzubeugen, bietet es sich an, immer eine Zutat dabeizuhaben, die allen mundet. Gut kommt es bei Kindern an, wenn sie sich einmal pro Woche ein Gericht wünschen dürfen. Das nimmt ihnen den Wind aus den Segeln und niemand kann sich beschweren, es werde nie etwas für ihn gekocht.

Stehen Termine und Verabredungen an, die bis zum Abendessen dauern, dann plant für diese Tage besonders schnell zuzubereitende Mahlzeiten ein. An Tagen, an denen ihr sehr viel um die Ohren und keine Zeit zum Kochen habt, könnt ihr einfach ohne schlechtes Gewissen zu einer Tiefkühlpizza oder den fertigen Tortellini mit der Tomatensoße greifen. Solche Ruckzuckgerichte für alle Fälle solltet ihr immer im Haus haben, sie können so manch stressigen Tag retten und noch dazu schmecken sie meistens allen.

Mit einem solchen Essensplan könnt ihr auch das Einkaufen besser planen – was nicht nur Zeit beim Einkaufen spart, sondern auch noch Geld. Denn es ist erwiesen, dass man weniger Geld beim Einkaufen ausgibt, wenn man mit einer Liste einkaufen geht, anstatt planlos oder nur mit einer wagen Idee im Kopf durch den Supermarkt tingelt.

Und tatsächlich erspart ein Wochenplan Diskussionen mit den Kindern über das Essen. Es ist ein Phänomen, das viele Eltern kennen: Wenn die Kinder wissen: »Heute gibt es Fischstäbchen und morgen Senfeier, das steht so im Plan«, dann akzeptieren sie das eher, als wenn sie abends mit einer Mahlzeit überrascht werden. Vor allem, wenn sie auch noch bei der Erstellung des Wochenplans dabei sein durften. Außerdem kennen sie das Prinzip des Essensplans schließlich auch aus dem Kindergarten oder der Schulbetreuung.

Und alle helfen mit!

Für das Kochen gilt dasselbe wie für alle anderen Haushaltstätigkeiten: Bezieht eure Kinder so früh wie möglich mit ein. Gerade jüngeren Kindern macht es riesigen Spaß, beim Kochen zu helfen. Lasst sie von Anfang an zuschauen und übertragt ihnen Stück für Stück kleinere, altersgerechte Aufgaben (siehe Liste der Haushaltstätigkeiten, S. 107). Nutzt die angeborene Neugier eurer Kinder und führt sie früh an das Kochen heran – denn dann steigt die Wahrscheinlichkeit, dass sie, auch wenn sie größer sind, gerne mithelfen und auch immer häufiger selbst zum Kochlöffel greifen. Übertragt den Kindern (und dem Partner) kleine und größere Aufgaben beim Kochen und Tischdecken, sodass jeder beschäftigt ist und etwas zu tun hat. Alle sollten sich einbringen und unbeliebte Aufgaben wie das Zwiebelschneiden können im Rotationsprinzip übertragen werden, sodass sich keiner benachteiligt fühlt.

Leider bleibt in immer noch viel zu vielen Familien der Hauptteil der Haushaltsarbeit an der Mutter hängen, wie ein Bericht der Deutschen Gesellschaft für Ernährung (DGE) feststellte. Und auch bei den Kindern sieht es übrigens nicht besser aus: Nur 42 Prozent der weiblichen Teenager helfen beim Essenmachen mit und nur ganze 26 Prozent der männlichen Teenager! Wie bei der restlichen Hausarbeit auch gilt übrigens auch für das Essenvorbereiten: Wenn der Vater mithilft, dann sind auch die Kinder eher bereit, eine helfende Hand anzulegen. Also liebe Männer, ran an die Töpfe!

Streitfalle Abendessen?
Das muss nicht sein!

Mama-Zitat

Ich kann langsam nicht mehr. Es ist jeden Abend dasselbe: Ich mache mir so viel Mühe beim Abendessen, koche so, dass jeder etwas findet, das er mag, und am Ende gibt es doch nur lange Gesichter bei meinen Töchtern. Schon allein, wenn ich sehe, wie sie auf ihren Tellern herumstochern, werde ich wütend. Und wenn sie dann auch noch anfangen zu meckern, dass sie ja noch nie Bohnen mochten, dann könnte ich nur noch heulen oder losschreien. Man kann es ihnen nie recht machen! Wenn ich nur kochen würde, was wirklich allen schmeckt, dann gäbe es jeden Tag Pommes oder Fischstäbchen mit Kartoffelbrei.

Kennt ihr das auch? Vergangene Woche mochten die Kinder noch Mohrrüben über alles, eine Woche später ganz plötzlich nicht mehr. Da gibt man sich extra Mühe und es gibt trotzdem nur Gemecker über das Essen und die Hälfte wird auf dem Teller gelassen oder schwungvoll vom Rand auf den Tisch geschubst. Ich erinnere mich noch gut, wie mir mein Sohn einmal so von der Kürbissuppe im Kindergarten vorschwärmte, dass ich extra nach dem Rezept fragte und genauso eine Suppe nachkochte. So froh war ich, dass er endlich noch ein weiteres Gemüse außer Spinat und Gurken aß. Aber Pustekuchen! Zu Hause schob er die Suppenschüssel nach einem Löffel von sich. Die Begründung: »Im Kindergarten kochen ja ausgebildete Köche, da schmeckt das viel besser.« Ich musste mich zusammenreißen und mich wirklich anstrengen, die Situation mit Humor zu nehmen.

Das gemeinsame Abendessen wird allzu oft zur Streitfalle anstatt zu einem gemütlichen Familientreffpunkt. Die Kinder mäkeln über das Essen, der Vater meckert, weil der Sohnemann die Ellenbogen auf den Tisch legt, und die jüngste Tochter fühlt sich nicht genug beachtet und krakeelt laut quer durchs Esszimmer. Wo soll man in dieser angespannten Atmosphäre nun noch angenehme Gespräche über den Tag und vor allem eine Familien-Wohlfühl-Atmosphäre unterbringen? Das geht sehr wohl, wenn ihr einiges beachtet.

Der richtige Zeitpunkt für das Abendessen

Zunächst gilt es, den Zeitpunkt des Essens unter die Lupe zu nehmen. Sind die Kinder regelmäßig schon halb verhungert, während ihr noch das Essen vorbereitet, dann ist der Zeitpunkt eindeutig eine halbe Stunde zu spät gewählt. Wie ich schon schrieb: Der Tag wird stressfreier und harmonischer, wenn ihr euren Kindern einen Schritt voraus seid. Wenn ihr wisst, dass eure Kinder jeden Tag um kurz vor sechs total unterzuckert und quengelig sind, dann legt das Abendessen nicht erst auf halb sieben, sondern auf sechs. Oder, falls das schwer einzurichten ist, legt am Nachmittag noch einen weiteren Snack ein oder verschiebt den Nachmittagssnack einen Tick weiter nach hinten.

Ich halte nichts von starren Zeitplänen und einem eng durchgetakteten Nachmittag: Jede Familie muss den idealen Zeitpunkt für ihr Abendessen selbst herausfinden. Wichtig ist, dass der Essenszeitpunkt zu euren Tagesabläufen und Ritualen passt. So sollte nach dem Abendbrot noch genug Zeit bleiben, um gemütlich das Einschlafritual einzuleiten und nicht vom Essenstisch direkt ins Bett springen zu müssen. Kinder mögen keine hektischen Übergänge und reagieren häufig mit Gequengel darauf.

Für eine entspannte Atmosphäre sorgen

Das Abendessen sollte in einer entspannten, harmonischen Atmosphäre stattfinden. Auch wenn es nur belegte Brote gibt, nehmt euch ausreichend Zeit, deckt den Tisch schön ein (natürlich mit Hilfe der Kinder) und schafft eine Wohlfühlumgebung. Das müssen keine exakt gefalteten Stoffservietten wie im teuren Restaurant sein und auch keine mühsam geschnitzten Mohrrüben-Blumen, aber eben auch kein

Nebenher-Essen aus der Pizzapackung, während der Fernseher läuft und die andere Hälfte der Familie aufs Handy starrt.

Wenn die Kinder Theater machen, bleibt locker. Hört sich einfacher an, als es ist, ich weiß. Mäkelende Kinder können einen wahnsinnig machen! Da hat man sich so viel Mühe gegeben und am Ende wird nur gemeckert. Aber das Lockerbleiben lässt sich trainieren – bestimmt! Vielleicht ist es ein Trost, dass es irgendwann besser wird, wenn die Kinder älter werden.

Keine Machtkämpfe am Esstisch

Die erste Regel für mehr Harmonie am Essenstisch: Vermeidet Machtkämpfe beim Essen. Versucht, gelassen zu bleiben. Wenn jemandem etwas nicht schmeckt, dann macht keine große Sache daraus. Jedes Kind sollte einmal alles probieren, bevor es entscheidet, ob es etwas mag oder nicht. Denn erstens ändert sich der Geschmack schnell und zweitens brauchen Kinder oft drei oder vier Anläufe, bis ihnen etwas doch schmeckt. Hat man etwas probiert und mag es nicht, dann ist es okay – in diesem Fall bleibt das Essen eben am Tellerrand liegen. Das haben wir als Eltern dann auch zu akzeptieren. Schließlich mögen wir auch nicht alles. Gemecker und Drängen dazu, doch noch mehr davon zu essen, sind kontraproduktiv. Wenn ihr keine große Sache daraus macht, dann ist es auch keine große Sache!

Nicht das Essen sollte im Mittelpunkt stehen, sondern die Gespräche und das Beisammensein. Sobald die Kinder alt genug sind, sollten sie sich selbst auflegen und selbst entscheiden, wie viel sie sich auflegen, um ein Gespür für den eigenen Hunger zu entwickeln. Kinder haben ein gutes Gefühl für ihren eigenen Appetit und wissen, wann sie satt sind. Damit dieses natürliche Sättigungsgefühl nicht gestört wird, sollten Eltern sie auch nicht dazu zwingen, den Teller leer zu essen. Es hat sich bewährt, zu vereinbaren, dass immer eine Sache gegessen wird, selbst wenn es nur Nudeln mit Ketchup oder Kartoffeln mit Butter sind. So muss niemand hungrig aufstehen – bekommt aber auch keine Extrawurst.

Das gemeinsame Abendessen ist nicht der richtige Zeitpunkt, um die Kinder zu erziehen oder an den schulischen Leistungen herumzukritisieren. Wenn einmal ein Missgeschick passiert und ein Glas umkippt oder etwas auf den Boden fällt, dann ist das halt so und beileibe kein Grund zum Aufregen oder Meckern. Einfach aufheben und aufwischen, die Kinder dabei einbeziehen. So etwas passiert uns Großen schließlich auch.

Tischmanieren durch Vorbildsein vermitteln

Ein weiterer Streitpunkt können die Essmanieren sein. Ich bin ein großer Fan von Tischmanieren und in der Hinsicht fast schon altmodisch: Gewisse Manieren erleichtern einem das Leben ungemein. Abgesehen davon habe ich keine Lust, beim Essen Füße auf dem Tisch oder Arme unter dem Tisch oder meine Kinder mit schiefer Haltung einhändig das Essen in sich hineinschaufelnd zu sehen. Dass man mit vollem Mund nicht spricht, hat auch durchaus ästhetische Gründe.

Aber all das ist trotzdem kein Grund, die Kinder beim Essen ständig auf ihr Fehlverhalten hinzuweisen. Wenn man den Erzählfluss oder auch das genüssliche Essen des Kindes ständig mit »Sitz gerade! Hand auf den Tisch! Benutz doch auch das Messer!« unterbricht, muss man sich nicht wundern, wenn die Kinder aufhören, von ihrem Schulalltag zu berichten, oder auf einmal das eben noch leckere Essen nicht mehr mögen.

Die richtigen Manieren vermitteln Eltern am besten durch das Vormachen. Indem wir Eltern ein gutes Vorbild sind, bringen wir unseren Kindern viel mehr bei als durch ständiges Herumkritisieren. Wenn sie sehen, dass die Eltern Bitte und Danke sagen und sich vor dem Essen die Hände waschen, dann übernehmen Kinder das auch selbst. Es dauert vielleicht etwas länger als mit der Holzhammer-Disziplin-Methode, aber dafür wirkt es meist nachhaltiger und geht eher in Fleisch und Blut über. Denn was bringt es, wenn unsere Kinder, solange sie jung sind, eingeschüchtert brav alles machen, wie wir es sagen, und es dann als Jugendliche gleich über Bord werfen, um uns Eltern eins auszuwischen?

Wenn eure Kinder aber gewisse Marotten einfach nicht ablegen wollen und immer, immer wieder die Hand unter dem Tisch baumeln lassen, dann dürft ihr sie natürlich auch mal darauf hinweisen. Aber ihr solltet es dann auch dabei belassen und nicht das ganze Essen über daran herummeckern. Und Sätze wie »Wieso kannst du nicht einfach mal stillsitzen?« solltet ihr euch generell verkneifen. Diese Ermahnungen führen zu nichts, am ehesten noch zu einem trotzigen »Jetzt erst recht«-Verhalten.

Bei kleineren Kindern hilft auch ein spielerisches Vermitteln von Tischmanieren. Das kann das Spiel sein »Heute essen wir alle wie beim König am Tisch« oder auch »Heute essen wir wie die Räuber und benehmen uns richtig daneben«. Das bringt nicht nur Spaß, es bleibt auch ganz gewiss etwas bei den Kindern hängen. Und wenn man dann zusammen dabei lacht, ist es doch das Schönste, was beim gemeinsamen Abendessen passieren kann.

Gesprächsthemen bei Tisch

Der Abendbrottisch ist der richtige Zeitpunkt, um über den eigenen Tag zu berichten und zu hören, wie es den anderen erging. Jeder ist mal dran mit Erzählen und wenn jemand nichts erzählen möchte, ist das auch in Ordnung. So werden ganz nebenher auch soziale Fähigkeiten, wie den anderen ausreden zu lassen, trainiert. Themen für das Abendessen können nicht nur die Erlebnisse des Tages sein, sondern auch die Pläne für das Wochenende oder den Urlaub.

Eltern sollten den Abendbrottisch aber nicht dazu nutzen, ewig über das politische Weltgeschehen zu debattieren. Natürlich dürfen es auch mal solche Gespräche sein, damit Kinder früh lernen, mit solchen Themen umzugehen. Aber es ist nicht verwunderlich, wenn die Kinder anfangen, gelangweilt Erbsen durch das Zimmer zu schnipsen oder das Wasserglas über dem Kartoffelbrei auszukippen, wenn die Eltern lang und breit über die Köpfe der Kinder hinweg über das Programm der Parteien für die nächste Landtagswahl streiten.

Ebenso wenig gehören Themen wie die finanziellen Sorgen oder Probleme bei der Arbeit an den Esstisch, dafür gibt es bessere Orte und Zeitpunkte. Wenn ein Kind jedoch etwas auf dem Herzen hat und es bei Tisch ins Reden kommt, sollten wir Eltern ihm auch zuhören.

Die Themenwahl und die Art des Erzählens der Eltern kann die Kinder motivieren, selbst etwas zu erzählen. Gute Aufhänger sind zum Beispiel Dinge, die auf dem Weg zur Arbeit passiert sind, oder lustige Anekdoten, bei denen auch die Kinder mitlachen können und so angeregt werden, über die eigenen Erlebnisse zu sprechen.

Kein Handy am Esstisch

Die oberste Regel beim gemeinsamen Essen sollten alle, wirklich alle Familienmitglieder befolgen: Handy weg! Der Esstisch sollte eine handyfreie Zone sein. Auch hier gilt für uns Eltern: Geht mit gutem Beispiel voran! Denn wie sollen wir unsere Teenager überzeugen, das Smartphone wegzulegen, wenn wir es selbst ständig in Reichweite haben und bei jedem Piepen auf das Display starren. Gibt es wirklich einmal einen wichtigen Anruf oder eine wichtige E-Mail, auf die ihr wartet, dann solltest ihr es den Kindern erklären – und natürlich sollte es nicht zur Regel werden. Auch der Fernseher sollte ausgeschaltet sein. Natürlich kann es auch mal sein, dass sich alle mit Schnittchen gemütlich vor dem Fernseher versammeln und gemeinsam einen Familienfilm anschauen – aber das sollte eine Ausnahme bleiben. Dadurch werden solche Aktionen besonders und fallen dann wieder in die bereits erwähnte Kategorie »gemeinsam erlebte Familienzeit«.

Das gemeinsame Essen hat ein gemeinsames Ende

Das Essen wird gemeinsam begonnen und gemeinsam beendet. Die Mahlzeit sollte nicht zu lang bemessen sein, denn es liegt in der Natur kleinerer Kinder, dass sie nicht ewig am Esstisch sitzen können, sondern sich bewegen wollen. Wenn alle aufgegessen haben, dürfen die Kinder (oder auch die Eltern) fragen, ob sie aufstehen dürfen. Ein schöner Brauch ist es, dem Koch oder der Köchin für das Essen zu danken und so Respekt zu zeigen. Anschließend sollten alle gemeinsam den Tisch abräumen und die Küche aufräumen.

Selbstverständlich wird es Tage geben, an denen sich die Eltern viel zu erzählen haben und die Kinder früher aufstehen und spielen dürfen. Dann kann es aber auch eine gute Idee sein, wenn Eltern ihre ausgiebigen Gespräche einfach vom Tisch auf das Sofa verlegen, sodass klar ist, die Mahlzeit ist beendet und die Kinder können spielen.

Sicher wird es auch Tage geben, an denen die Kinder wirklich müde sind und beim Abendessen fast einschlafen. Dann ist es das Beste, sie so schnell wie möglich ins Bett zu verfrachten. Dafür darf auch das Abendessen unterbrochen werden. Kein Kind muss total übermüdet am Essenstisch einschlafen, nur damit die Abendessen-Routine aufrechterhalten wird! Haltet ihr die Kinder in so einem Fall noch länger wach, werden sie nämlich erst recht überdreht sein, wenn es ins Bett geht – denn dann sind sie ganz schnell über den Punkt. Hat jemand noch etwas Besonderes vor oder sind die Kinder sehr müde und sollten schleunigst ins Bett, dann könnt ihr natürlich auch das Geschirr in der Spüle stehen lassen und euch später darum kümmern.

 Tipps für ein gemeinsames Abendessen

- Alle helfen bei der Vorbereitung mit.
- Jeder muss alles probieren, aber es muss nicht alles aufgegessen werden.
- Jeder ist mal dran mit Erzählen.
- Keine Eltern-Monologe.
- Schwierige Themen wie Politik, Jobprobleme oder Geldsorgen haben am Familientisch nichts verloren.
- Alle halten sich an die Tischregeln.
- Es wird nicht ständig am Benehmen der Kinder herumgemeckert.
- Das Essen wird gemeinsam begonnen und gemeinsam beendet.
- Alle räumen nach dem Essen gemeinsam ab.

Kapitel 9
Ab ins Bett!

Erstmal runterkommen!

Je nachdem, wie alt eure Kinder sind, folgt nach dem Abendessen auch schon bald das Schlafengehen. Gerade für dieses Runterkommen nach einem langen Tag sind Rituale und Strukturen besonders wichtig. Sie erleichtern nicht nur das Ins-Bett-Bringen, sondern auch das Einschlafen selbst. Wenn euer Kind weiß, wie es ins Bett geht, welche Abläufe es erwarten und wie es in den Schlaf begleitet wird, fällt es ihm gleich viel leichter, vom Tag loszulassen.

Das Ins-Bett-Bringen ist noch einmal eine Möglichkeit für intensive gemeinsame Zeit mit den Kindern, doch viel zu oft wird es leider von Stress und Machtkämpfen zwischen Eltern und Kindern überschattet.

Mama-Zitat

Ich bin abends einfach viel zu kaputt, um noch mitzulachen, wenn mein Sohn vor dem Schlafengehen Quatsch macht. Ich will einfach nur, dass er endlich schläft, damit ich wenigstens noch eine Stunde für mich selbst habe. Aber mein Sohn dreht vor dem Schlafengehen noch mal richtig auf, egal, wie müde er war. Mich macht das Gezappel wahnsinnig und ich meckere fast jeden Abend. Wenn er dann schläft und niedlich aussieht, habe ich ein furchtbar schlechtes Gewissen, das mir den ganzen Abend verdirbt.

Das Ins-Bett-Bringen von Kindern birgt so einige Streitfallen, die es zu vermeiden gilt. Fast alle Eltern kennen das: Die eben noch so müden Kinder sind ganz plötzlich wieder hellwach, regelrecht aufgedreht und geben noch einmal alles. Sie wollen partout nicht ins Bett. Sie wollen nicht die Zähne putzen, sich nicht umziehen und müssen gefühlt zehnmal aufs Klo oder ein Glas Wasser trinken. Die Einschlafgeschichte ist fast immer viel zu kurz und ganz plötzlich vor dem Einschlafen fangen die Kinder an, von ihrem Tag zu erzählen.

Damit das Ins-Bett-Bringen mit so wenig Stress wie möglich abläuft, sollte der Übergang vom Abendessen zum Schlafengehen so sanft wie möglich sein. Die Kinder müssen erst einmal runterkommen von ihrem Tag, umschalten in den Schlafmodus. Stellt euch vor, man würde euch direkt nach dem Essen vom Tisch sofort ins Badezimmer schicken und dann gleich ins Bett packen!

Kinder (und auch Eltern) brauchen nach dem Essen erst einmal eine kurze Pause, eine sanfte Überleitung zum Einschlafritual. Da darf noch einmal kurz mit Papa getobt werden (bitte nicht zu sehr, damit die Kinder nicht noch mal aufdrehen). Es darf vom Kindergarten erzählt werden, die Kuscheltiere können sortiert werden oder auch ein kurzes und nicht zu spannendes Hörspiel darf gehört werden.

Eine Erleichterung für den nächsten Morgen ist es übrigens, wenn ihr diese Zeit dazu nutzt, alles für den Start in den neuen Tag vorzubereiten, also Brotboxen bereitstellen, den Frühstückstisch decken und Kleidung heraussuchen. Das könnt ihr alles auch gut mit euren Kindern gemeinsam machen. In diesem Zusammenhang solltet ihr auch klären, ob eure Kinder etwas Besonderes für den nächsten Tag in der Schule oder im Kindergarten benötigen, ob Ausflüge anstehen, ob es Probleme mit den Lehrern gibt oder Klassenarbeiten anstehen.

Mit älteren Kindern, etwa ab dem Schulalter, könnt ihr nach dem Abendessen auch gut die Pläne für den nächsten Tag durchsprechen: Steht ein bestimmter Termin an? Muss etwas Besonderes erledigt werden? Gab es einen Elternbrief vom Lehrer? So wissen Kinder, was sie am nächsten Tag erwartet. Je besser die Vorbereitung am Abend, umso reibungsloser läuft der nächste Morgen ab! Ganz abgesehen davon geht ihr mit einem guten Gefühl schlafen, wenn ihr wisst, dass für den nächsten Tag alles bereitsteht.

Kein Bildschirmlicht vorm Schlafengehen

Tablets und Handys sollten eine Stunde vor dem Schlafengehen tabu sein. Denn das blaue Licht, das die Displays ausstrahlen, behindert die Ausschüttung des körpereigenen Schlafhormons Melatonin, das müde macht – das blaue Licht hält uns also künstlich wach und sorgt zudem noch für einen schlechteren Schlaf. Das Licht mit dem hohen Blauanteil ist ein Signal an unseren Körper, wachzubleiben. Natürliches Tageslicht hat nämlich einen hohen Blauanteil, sinkt die Sonne jedoch im Laufe des Tages, wird das Licht gelber und roter, was uns wiederum schläfrig macht. Der Melatoninspiegel steigt am Abend an und hat zwischen 23 Uhr und 3 Uhr nachts den höchsten Wert. Danach sinkt der Spiegel wieder ab – wir werden wacher und wachen schließlich am Morgen auf. Dieser Effekt wird durch das blaue Licht der technischen Geräte wie Tablet oder Handy aufgehoben.

Doch nicht nur das blaue Licht der Displays hält uns wach, auch die wechselnden Bilder und das ständig Eintrudeln von Nachrichten, Neuigkeiten oder anderen Benachrichtigungen auf Tablet oder Smartphone. Besser ist es, vor dem Schlafengehen das Licht etwas zu dimmen, es sich gemütlich zu machen und ruhige Dinge zu unternehmen, um müde zu werden. Auch aufregende Filme im Fernsehen sollten es kurz vor dem Schlafengehen nicht mehr sein. Besser ist es zu lesen.

Die richtige Schlafenszeit

Es ist eine Binsenweisheit und wird trotzdem unterschätzt: Kinder benötigen ausreichend Schlaf. Auch Jugendliche und Erwachsene müssen genug schlafen. Schlafmangel schwächt das Immunsystem und macht uns anfälliger für Infekte. So wirken zum Beispiel Impfungen erwiesenermaßen schlechter, wenn nicht genug geschlafen wird. Wer schlecht geschlafen hat, kann sich am Tag danach zudem schlechter konzentrieren, macht mehr Fehler und ist allgemein weniger leistungsfähig. Außerdem wird im Schlaf das am Vortag Gelernte vertieft. Das Gehirn verarbeitet nachts nämlich alles, was am Tag gelernt und erlebt wurde. Vereinfacht gesagt: Tagsüber wird alles ins Kurzzeitgedächtnis gepackt und nachts ins Langzeitgedächtnis übertragen, also dauerhaft gespeichert. Diese Aufgabe übernimmt der Hippocampus, ein Teil des Gehirns, der so etwas wie eine Art Zwischenspeicher darstellt. Im Hippocampus wird entschieden, welche Informationen ins Langzeitgedächtnis kommen. Aber das funktioniert nur reibungs-los, wenn man auch genügend schläft. Schläft man dauerhaft zu we-nig, wird die Arbeit des Hippocampus gestört, das Abspeichern der ge-lernten Informationen wird also behindert.

Ein kleiner Tipp zum Lernen in diesem Zusammenhang: Wenn man sich vor dem Schlafengehen noch einmal den Lernstoff durchliest, kann man sich am nächsten Tag tatsächlich besser daran erinnern. Vo-rausgesetzt, man schläft genug, um dem Gehirn die Zeit zu geben, sei-ne Nachtarbeit zu leisten. Also bis vier Uhr nachts Mathe pauken bringt nichts, außer einer großen Portion Müdigkeit am Folgetag. Im Gegenteil: Wenn eine Klassenarbeit ansteht, ist ausreichend Schlaf besonders wichtig, um ausgeruht und fit in den Tag zu starten.

 Wie viel Schlaf brauchen Kinder?
Das Schlafbedürfnis von Kindern ist individuell verschieden und auch von der Tagesform abhängig, aber es gibt folgende Richtzeiten:

- 6 bis 12 Monate: etwa 13 Stunden Schlaf
- 1- bis 4-Jährige: etwa 12 Stunden Schlaf
- 5- bis 6-Jährige: 11 bis 12 Stunden Schlaf
- 7- bis 9-Jährige: etwa 11 Stunden Schlaf
- 10- bis 11-Jährige: 10 bis 11 Stunden Schlaf
- 12- bis 13-Jährige: etwa 10 Stunden Schlaf
- 14- bis 16-Jährige: etwa 9 Stunden Schlaf

Der richtige Schlafenszeitpunkt hängt davon ab, wann eure Kinder am Morgen aufstehen müssen. Denn egal, wie früh die Kinder aus dem Bett müssen, sollten sie in der Nacht den Schlaf bekommen, den sie benötigen, um fit zu bleiben (siehe Kasten). Und da sich die erste Schulstunde nicht nach hinten verschieben lässt, müssen Kinder, die viel Schlaf benötigen, nun mal früher ins Bett, sodass wiederum das Abendessen früher stattfinden sollte, um ein entspanntes Schlafen-gehen zu ermöglichen.

Das Schlafbedürfnis ist von Kind zu Kind unterschiedlich. Beispielsweise braucht mein siebenjähriger Sohn genauso viel Schlaf wie sein fünfjähriger Bruder. Wichtig ist es auch, den Schlafenszeitpunkt immer wieder zu überprüfen, denn Kinder entwickeln sich bekanntlich oft in Schüben weiter und der Schlafbedarf verändert sich, mitunter tatsächlich von einem Tag auf den anderen.

Ein regelmäßiger Schlafenszeitpunkt macht das Schlafengehen einfacher, deshalb sollte die Uhrzeit möglichst jeden Tag gleich sein. Das gilt übrigens auch für uns Erwachsene und unseren eigenen Biorhythmus. Natürlich gibt es Ausnahmen wie Geburtstage, Ausflüge oder die Ferien – aber an »normalen« Tagen ist eine gleichbleibende Routine besser für das Einschlafen und auch für die Schlafqualität.

Damit Kinder abends müde genug sind, benötigen sie am Tag ausreichend Bewegung, am besten so viel wie möglich an der frischen Luft. Außerdem solltet ihr den Fernseh- und Handykonsum überprüfen. Studien haben gezeigt, dass Kinder, die tagsüber mehr als zwei Stunden vor dem Fernseher sitzen, nachts häufiger wach werden, schlechter träumen und Konzentrationsschwächen in der Schule haben. Übrigens schlafen auch Kinder in Haushalten, wo der Fernseher den ganzen Tag als Dauerberieselung im Hintergrund läuft, schlechter.

Stressfaktor Zähneputzen

Es gibt Dinge, die müssen einfach sein. Ein Beispiel ist das Zähneputzen. Es hilft alles nichts, wer keine Löcher in den Zähnen möchte, kommt um das Zähneputzen nicht herum. Doch das ist eine Sache, die viele Kinder einfach nicht einsehen wollen. Jüngere Kinder verstehen den Zusammenhang noch nicht richtig: Für sie ist es ein Eingriff der Eltern, festgehalten zu werden und eine Zahnbürste in den Mund gesteckt zu bekommen. »Das Ins-Bett-Bringen wäre nur halb so stressig, wenn das Zähneputzen nicht wäre«, habe ich schon viele Eltern sagen hören. Die gute Nachricht: Es wird einfacher, wenn die Kinder älter werden. Meistens.

Aber wie umschifft man die unangenehme Situation und schafft es sogar, aus der lästigen Pflicht einen Teil des Einschlafrituals zu machen? Erst einmal gilt auch beim Zähneputzen dieselbe Regel wie bei der Hausarbeit und den guten Manieren: Wir Eltern sollten Vorbild sein und mit gutem Beispiel vorangehen. Außerdem solltet ihr eure Kinder von klein auf an das Zähneputzen gewöhnen – das Zähneputzen sollte also ab dem ersten Zahn zum Einschlafritual gehören. Umso eher wird es als etwas akzeptiert, worüber nicht diskutiert wird.

Bei vielen Kindern kommt meist in der Trotzphase, also der Autonomiephase, der Zeitpunkt, an dem sie auf einmal nicht mehr bereit sind, sich die Zähne putzen zu lassen. Da mutiert das am Vortag noch so friedliche Kind auf einmal zum Wutzwerg, der es gar nicht einsieht, dass Zähneputzen sein muss, und sich mit Händen und Füßen dagegen wehrt.

Es gibt verschiedene Tricks, Kinder zum Zähneputzen zu bewegen. Jede Familie muss hier ihren eigenen Weg finden und oft muss man auch einfach durchprobieren:

- Manchmal helfen Argumente und gutes Zureden.
- Manchmal helfen Bilderbücher, die das mit dem Karies und dem Zahnarzt erklären.
- Oft hilft es, wenn der Zahnarzt oder der Kinderarzt es den Kindern erklärt, denn meist ist das nachhaltiger als die elterlichen Ermahnungen.
- Manche Kinder lassen sich überreden, wenn sie vorher den Eltern oder ihren Kuscheltieren die Zähne putzen dürfen.
- Es kann helfen, wenn sich die ganze Familie gemeinsam vor den Spiegel stellt, eine Sanduhr umdreht und zusammen die Zähne putzt.
- Ihr könnt das Zähneputzen mit Reimen oder lustigen Liedern verbinden. Oft finden Kinder das witzig und machen dann eher mit.
- Bei größeren Kindern kann der Wechsel von der Handzahnbürste zur elektrischen Zahnbürste den Schalter umlegen und das Zähneputzen auf einmal zu einer spaßigen Sache machen.

• Probiert verschiedene Zahnpasten aus, denn manchmal liegt es tatsächlich nur an der Zahnpasta, dass die Kinder sich so sträuben.

Meine Kinder zum Beispiel mögen absolut keinen Minzgeschmack in der Zahnpasta, sei er auch als noch so mild auf der Packung angepriesen. Ein kleiner Test von mehreren Zahnpasten hilft, hier die Lieblingszahnpasta zu finden. Ganz wichtig ist aber der altersgerechte Fluoridgehalt.

Auch wenn es schwerfällt und abends die Nerven oft blank liegen: Schimpfen und Drohen wirkt kontraproduktiv. Am Ende schreien dann nämlich alle – die Kinder und die Eltern. Und dann ist an ein friedliches, kuscheliges Einschlafritual nicht mehr zu denken.

Zieh deinen Schlafanzug an!

Oft ist nicht nur das Zähneputzen ein Stressfaktor beim Ins-Bett-Bringen, sondern auch das Umziehen. Irgendwann setzt diese Phase bei allen Kinder ein: Sie wollen sich nicht mehr willig umziehen (und je nach Alter wickeln) lassen. Da windet sich das Kind auf einmal, krabbelt weg, macht Quatsch oder schreit wie am Spieß, wenn man den Pyjama nur aus dem Regal zieht.

Manchmal hilft es, wenn ihr eurem Kind je nach Alter die Möglichkeit gebt, sich selbst umzuziehen oder zumindest beim Umziehen mitzuhelfen. Gerade im Alter von zwei bis drei Jahren wollen Kinder so viel wie möglich selbst machen und sollten auch immer wieder die Gelegenheit dazu bekommen, wenn der Rahmen es zulässt. Die Stimmung entspannen kann es auch, wenn spielerisch auch die Puppen oder Kuscheltiere Schlafanzüge angezogen bekommen.

Doch genauso wie es das Alter gibt, in dem Kinder alles selbst erledigen wollen, gibt es auch das Alter, in dem Kinder ganz plötzlich scheinbar verlernt haben, sich selbst umzuziehen. Auf einmal will der Fünfjährige wieder umgezogen werden wie ein Zweijähriger, obwohl es im Kindergarten ohne Probleme klappt. Das sind die Momente, in denen ihr abwägen müsst: Habt ihr die Zeit und die Nerven, das

Ganze auszusitzen, also zu warten, bis das Kind sich von alleine um-
zieht? Oder macht ihr das, was es will: zieht es um wie einen Zwei-
jährigen? Ich habe mich bei meinen Kindern immer für die letztere
Variante entschieden. Erstens sollen die Kinder ins Bett, zweitens sind
es die Tränen und den Stress nicht wert und drittens weiß ich ja, dass
mein Kind es im Prinzip selbst kann und es allein macht, wenn es darauf ankommt. Abgesehen davon, ist es – wie so oft – nur eine Phase
(die lange dauern kann, das stimmt), die irgendwann vorbeigeht.
Wenn das Kind gerne noch ein wenig betüddelt werden möchte, dann
soll es diese Portion Verwöhnen doch bekommen.

Das Einschlafritual

Damit das Einschlafen ohne Stress gelingt und die Kinder auch gerne ins Bett gehen, ist es wichtig, genug Zeit für das Ins-Bett-Bringen zu haben. Das Einschlafritual soll tröstlich und mit angenehmen Gefühlen, Wärme und Geborgenheit verbunden sein, sodass Kinder mit dem Schlafengehen etwas Positives verknüpfen und sich auf die gemeinsame Zeit vor dem Schlafen freuen. Einschlafrituale sollen Sicherheit geben. Deshalb sollte das Ins-Bett-Gehen auch nie als Strafe angesetzt werden. Vielen Kindern tut die Vorhersehbarkeit des Einschlafrituals gut, es beruhigt sie und verleiht ein Gefühl der Geborgenheit, deshalb sollten die Abfolgen weitestgehend gleich bleiben – je jünger das Kind ist, desto verlässlicher sollte das Gute-Nacht-Ritual erfolgen.

Je gelassener und ruhiger ihr beim Einschlafritual seid, umso ruhiger werden auch eure Kinder. Das ist oft leichter gesagt als getan, wenn das Kind partout nicht schlafen will, zum dritten Mal aufs Klo muss oder ganz viel Durst hat (um dann aus dem extra eingeschenkten Wasserglas nur einen winzigen Schluck zu trinken). Wenn man selbst endlich Feierabend haben möchte und nach einem langen, anstrengenden Tag einfach nur die Beine hochlegen und sich von der Lieblingsserie berieseln lassen will oder wenn man abends noch mal dringend etwas Berufliches erledigen muss, dann fällt es schwer, in solchen Situationen ruhig und gelassen zu bleiben.

Wenn wirklich einmal etwas ganz Dringendes ansteht wie ein Elternabend oder ein Telefonat, dann sagt es euren Kindern vor dem Ins-Bett-Bringen oder übergebt das Zepter ganz an den Partner. Aber vergesst nicht: Irgendwann gehen die Kinder alleine ins Bett und geben einem nicht einmal mehr einen Gutenachtkuss. Dann werdet ihr das gemütliche Kuscheln und Vorlesen im Bett vermissen!

Vom Tag erzählen

Nicht selten tauen Kinder gerade abends im Bett noch einmal so richtig auf und berichten vom Tag und ihren Sorgen. Ein schönes Ritual kann es sein, gemeinsam über den Tag zu sprechen und jeden sagen zu lassen, was besonders schön war, worüber man sich geärgert hat oder vielleicht auch, was einen überrascht hat. In diesen Momenten ist es besonders wichtig, den Kindern aktiv zuzuhören und sie nicht abzuwürgen.

Wenn das Einschlafritual regelmäßig länger dauert, weil die Kinder noch so viel zu erzählen haben, ist es besser, sie eher ins Bett zu bringen, damit mehr Zeit dafür bleibt, den Tag Revue passieren zu lassen. Sollte sich das Ritual aber in die Länge ziehen, weil die Kinder schlicht noch nicht müde genug sind, ist der Einschlafzeitpunkt zu früh gewählt. Oft hilft es, das Ins-Bett-Bringen einfach eine halbe Stunde nach hinten zu verschieben.

Kinder sollten nicht mit ungelösten Problemen schlafen gehen. Das sollte eigentlich niemand. Ihr wisst selbst, wie es ist, sich mit Sorgen und Gedanken schlaflos im Bett herumzuwälzen. Deshalb sagt nicht einfach lapidar: »Dafür ist morgen Zeit« oder »Das löst sich von allein« – auch wenn es so sein sollte. Nehmt eure Kinder ernst und versucht, mit ihnen gemeinsam eine Lösung zu finden, die sie ruhig schlafen lässt.

Ein Abschluss vor dem Schlafengehen kann auch das Gutenachtlied sein, das man gemeinsam singt, es kann auch ein gemeinsames Gebet sein oder einfach ein Danken für den schönen Tag.

Vorlesen als Abschluss des Tages

Es gibt mehrere Studien, die ganz eindeutig zeigen: Kinder, denen viel vorgelesen wird, lernen selbst schneller lesen und schreiben. Verschiedene Studien zeigen, wie wichtig Lesen für die Entwicklung der Kinder ist. So besagen Vorlesestudien der Stiftung Lesen, dass Vorlesen die Grundlage einer hohen Lernkompetenz ist. Sie wird durch tägliches Vorlesen gefördert. Vorlesen vergrößert den Wortschatz, steigert die Konzentrationsfähigkeit und unterstützt die Kreativität. Das Vorstellungsvermögen wird erweitert. Die Studien der Stiftung Lesen haben auch ergeben, dass Vorlesen die Empathie der Kinder stärkt, da sie lernen, sich in andere hineinzuversetzen. Ganz abgesehen davon, dass ein kuscheliges gemeinsames Lesen auch die Bindung zwischen Eltern und Kindern stärkt. Dennoch liest laut Stiftung Lesen immer noch ein Drittel der Eltern ihren Kindern gar nicht vor.

Je früher man mit dem Vorlesen beginnt, desto besser. Schon mit Babys kann man erste Bilderbücher mit großen farbigen Bildern anschauen – das fördert das Sprechenlernen und führt sie von klein auf an Bücher heran. Ab etwa zwei Jahren können Kinder schon den ersten kurzen Geschichten in Bilderbüchern folgen. Auch Schulkindern sollte man am Anfang noch regelmäßig vorlesen. Sie genießen es auch noch die Grundschulzeit über, selbst wenn sie längst schon allein lesen können. Denn beim Vorlesen geht es um mehr als nur um die Geschichte – es ist Kuscheln und Nähe, es ist gemeinsame Zeit und das gemeinsame Erleben der Geschichte, die man (vor)liest.

Mama-Zitat

Ich freue mich immer auf das Vorlesen im Bett, denn dann kommt mein Sohn endlich mal zur Ruhe und zappelt nicht mehr so rum. Wie er sich dann an mich rankuschelt, das ist die Belohnung für den ganzen Stress am Nachmittag. Ich selber mag es auch, eine Viertelstunde mal über nichts nachdenken zu müssen, sondern einfach nur etwas vorzulesen. Nächstes Jahr kommt er in die Schule, ich hoffe, ich darf dann trotzdem abends noch vorlesen.

Am besten ist es, das Vorlesen von Anfang an zum Teil des Einschlafrituals werden zu lassen. Es ist eine gute Möglichkeit, abends zur Ruhe zu kommen, sich vom aufregenden Tag zu erholen und den Tag mit einer Extraportion Kuscheln zu beenden. Vorlesen sollte nie zwischen Tür und Angel stattfinden: Nehmt euch dafür die Zeit, die es benötigt.

Empfehlenswert sind je nach Alter 15 bis 30 Minuten. Macht es euch gemütlich und kuschelig.

Eure Kinder geben vor, was vorgelesen wird. Natürlich könnt ihr einige Bücher zur Auswahl stellen, um sie nicht mit der Entscheidung zu überfordern – aber denkt immer daran: Es geht primär darum, dass die Geschichten euren Kindern gefallen! Gerade jüngere Kinder haben oft Lieblingsgeschichten oder Bücher, die sie immer und immer wieder vorgelesen bekommen möchten. Ich gebe zu: Es kann irgendwann nerven. Beim zehnten Mal »Conni geht verloren« mag man einfach nicht mehr und hat auch nicht mehr wirklich viel Spaß daran, mit der gleichen Leidenschaft zu lesen wie beim ersten Mal. Aber versucht es. Und falls es euch beruhigt: Es ist ganz normal. Trotzdem solltet ihr versuchen, immer so lebhaft wie möglich und mit unterschiedlicher Betonung vorzulesen, das macht die Geschichte spannender und bringt nicht nur den Kindern Spaß. Die Kinder lernen dadurch auch selbst für die spätere Grundschulzeit, wie man Geschichten vorliest.

Oft haben Kinder zwischendrin Fragen oder eigene Anmerkungen: Lasst euch ruhig unterbrechen und geht auf die Fragen ein. Ihr könnt den Kindern auch selbst Fragen stellen, um sie zum Nachdenken anzuregen: »Was meinst du, wieso schaut das Mädchen so traurig? Oder sieht es eher wütend aus?« Das schult die Empathie. Oft regen Geschichten Kinder auch dazu an, über ähnliche Dinge zu berichten, die sie selbst erlebt haben. Deshalb bieten sich gerade bei jüngeren Kindern von zwei bis drei Jahren Bilderbücher an, die mit ihrem Alltag zu tun haben. Nicht umsonst sind Buchreihen wie »Conni« oder »Leo Lausemaus« so beliebt bei Kindern. Denn in diesen Büchern geht es um den Alltag, es werden Dinge geschildert, die die Kinder selbst kennen. Für uns scheint es banal, davon zu lesen, wie Conni das Seepferdchen macht oder Leo Lausemaus sich nicht die Zähne putzen möchte, aber für kleinere Kinder ist das ein großer Spaß und etwas aus dem Alltag Vertrautes.

Wenn die Kinder älter werden, könnt ihr auch mit den ersten Vorlesebüchern anfangen, in denen Geschichten über mehrere Kapitel gehen. So lernen Kinder, am Ball zu bleiben und einer Geschichte über mehrere Tage hinweg zu folgen. Zu spannend sollte eine Gutenachtgeschichte jedoch auch nicht sein, denn eure Kinder sollen nach dem Lesen müde sein und nicht weiter mit den Protagonisten fiebern. Außerdem sollte die Geschichte vor dem Einschlafen nicht zu gruselig oder zu traurig sein: Schließlich sollen die lieben Kleinen nach dem Lesen ohne Angst und schlechte Träume schlafen. Wenn ihr merkt, dass eine Geschichte euer Kind sehr beschäftigt, dann redet vor dem Einschlafen darüber und sucht Antworten auf offene Fragen. Kinder sollten nicht mit ungelösten Problemen einschlafen.

Kuscheln vor dem Einschlafen? Na klar!

Über eine Frage stolpere ich immer wieder in den sozialen Medien: »Wann muss mein Kind alleine einschlafen?« Meine Gegenfrage: Müssen Kinder alleine einschlafen? Ist das wirklich ein Problem? Natürlich gibt es die Kinder, die man nach dem Vorlesen einfach ins Bett legt, denen man einen Gutenachtkuss gibt, die Tür zu macht und sie dann allein einschlafen lässt. Ohne Protest. Wenn das ohne Geschrei und Tränen funktioniert, dann ist das natürlich in Ordnung so. Meine Kinder gehörten nie zu dieser Spezies. Wie wahrscheinlich die Mehrheit der Kinder – bis ins Schulkindalter hinein.

Und ganz ehrlich: Kinder müssen nicht allein einschlafen. Es ist normal, dass sie Angst im Dunkeln haben. Ich schlafe auch nicht gern allein ein – wieso sollte ich es dann von meinen Kindern verlangen? Deshalb stresst euch nicht damit, dass eure Kinder lernen müssen, allein einzuschlafen. Dieser Druck nimmt dem Einschlafritual die Geborgenheit und die nötige Gelassenheit. Der Abschluss des Tages soll den Kindern ein Gefühl von Sicherheit verleihen und sie nicht zusätzlich stressen. Das Einschlafen soll positiv behaftet sein und nicht mit Druck und Stress. Und schon gar nicht mit Angst.

Natürlich kann es anstrengend sein, wenn man bei den Kindern liegt oder sitzt und sie einfach nicht schlafen wollen, sich herumwälzen, auf einmal noch etwas zu erzählen haben. Gerade abends ist die Luft oft raus, man will einfach nur seinen Feierabend haben, endlich einmal ein paar Minuten für sich selbst, für das gute Buch, die Lieblings-serie oder den Partner (ja, auch der möchte ja etwas von einem haben). Kinder scheinen ein Gespür dafür zu haben, wenn wir Eltern diesen Feierabend am nötigsten brauchen oder noch etwas vorhaben – denn gerade an diesen Abenden zieht sich das Einschlafen besonders lange hin. Da kommt man schon mal dazu, still in sich hinein zu fluchen, da darf man auch schon mal genervt sein und sich wünschen, das eigene Kind gehöre auch zu der raren Spezies »Alleineinschläfer«.

Aber seht es doch einmal so: Diese Zeit, die wir unseren Kindern so nah sein können, diese Zeit ist so schnell vorbei. Was sind schon drei, vier, fünf Jahre Einschlafbegleiten im Vergleich mit dem ganzen Le-ben? Ehe wir uns versehen, kommt der Tag, an dem unsere Kinder uns beim Einschlafen nicht mehr brauchen, der Tag, an dem wir nicht mal mehr einen Gutenachtkuss bekommen. Schneller, als wir heute glauben, sind unsere Kinder selbständig und wollen auch kein Vor-lesen mehr. Dann werden wir es vermissen. Das gemütliche Vorlesen, das Kuscheln, das Erzählen, die Nähe zu unseren Kindern.

Wenn ihr euren Feierabend mal wieder kaum erwarten könnt und eure Kinder etwas länger brauchen, um einzuschlafen, führt euch die-sen Gedanken vor Augen. Es hilft, den Moment zu »ertragen«, verspro-chen! Genießt die Zeit, in der eure Kinder noch so viel Nähe brauchen. Und ja, es ist auch völlig in Ordnung, beim Ins-Bett-Bringen selbst ein-zuschlafen – das passiert mir ständig.

Feierabend für die Eltern

Den ganzen Tag rotiert, alles organisiert, immer an die anderen gedacht, an den Chef, an die Kollegin, an die Kinder, an den Partner. Und nun ist er endlich da, der Feierabend, auf den ihr so gewartet habt. Ihr habt es geschafft, mal nicht mit dem Kind einzuschlafen. Und nun?

Nun seid ihr an der Reihe! Natürlich könntet ihr jetzt den Haushalt auf Vordermann bringen. So richtig tipptopp, ohne dass euch jemand dabei stört. Ihr könntet jetzt die Küche schrubben, das Klo putzen oder auch Hemden bügeln. Ich zähle nicht zu den Menschen, für die Bügeln Entspannung ist, aber ich weiß, dass es für einige tatsächlich etwas Meditatives beim Fernsehen hat. Dann nur zu! Wenn es euch wirklich Spaß bringt, den Backofen zu schrubben, will ich euch mit diesem Kapitel auch nicht davon abhalten. Denn dafür ist der Feierabend da: dafür, das zu tun, was euch Spaß macht. Es sind eure zwei Stunden, vielleicht nur eineinhalb, vielleicht auch drei, je nachdem, wann eure Kinder und ihr ins Bett geht. Vielleicht seid ihr Freiberufler so wie ich und müsst den Abend zum Arbeiten nutzen.

Aber versucht auch in diesem Fall, nicht direkt bis zum Einschlafen zu arbeiten, sondern euch jeden Abend eine Pause vor dem Schlafen einzuräumen. Denn wer nie an sich selbst denkt, klappt irgendwann zusammen. Gerade wir Mütter neigen dazu, unsere eigenen Bedürfnisse hintanzustellen und immer zu 100 Prozent zu funktionieren. Aber auf Dauer klappt das einfach nicht. Niemand kann pausenlos funktionieren – wer immer 120 Prozent gibt, landet irgendwann beim Burnout. Eine gesunde Portion Egoismus hilft uns, den turbulenten Alltag mit Kindern besser zu überstehen und die Nerven zu behalten. Die zwei Stunden am Abend werden dringend zum Aufladen eurer Batterien benötigt. Deshalb gönnt euch euren Feierabend, ihr habt ihn verdient!

Macht, was euch glücklich macht, was euch entspannt, was euch guttut. Trinkt einen leckeren Tee, kuschelt euch aufs Sofa. Oder setzt euch in den Garten, schaut zu, wie die Sonne untergeht und lauscht den Vögeln bei ihrem Abendlied. Die zwei, drei Stunden vor dem Schlafengehen sind dazu da, um zu schauen, wie es bei der Lieblingsserie weitergeht, um ein gutes Buch zu lesen, mit der alten Freundin zu telefonieren, Tagebuch zu schreiben, Fotos zu sortieren oder ein Fotobuch zu erstellen. Zu stricken, zu nähen, vielleicht sogar zu backen. Hefeteig zu kneten ist herrlich entspannend und man kann sich wunderbar daran abreagieren! Ganz abgesehen von dem Genuss eines frischen Brotes zum Frühstück. Auch Stricken entspannt das Gehirn und bringt das Gedankenkarussell zum Anhalten. Nicht umsonst wird es auch »Yoga für die Hände« genannt. Sucht euch eine Tätigkeit, die euch guttut, die euch erlaubt, abzuschalten und einfach mal ganz bei euch zu sein. Nachdem vormittags Arbeitszeit und am Nachmittag Kinderzeit war, folgt am Abend Elternzeit, Erwachsenenzeit.

Zeit für den Partner

Der Feierabend ist auch oft die einzige Zeit des Tages, die ihr ungestört mit dem Partner verbringen könnt und in der ihr auch Paar seid anstatt nur Eltern. Je kleiner die Kinder sind, umso rarer sind solche Momente. Denn Kinder wirbeln den Alltag eines Paares gehörig durcheinander. Nutzt den Feierabend deshalb nicht nur für organisatorische Gespräche (Wer bringt am nächsten Tag das Kind in den Kindergarten? Und wer geht mit zum Turnen?), sondern unterhaltet euch über euch selbst, über euch als Paar. Das verbindet euch und festigt die Beziehung. Gerade wer kleinere Kinder hat, kennt es, dass man im Alltag kaum dazu kommt, einen klaren Gedanken zu fassen, geschweige denn einen vollständigen Satz mit dem Partner zu wechseln.

Aber eben diese Momente sind wichtig, um ein Paar zu bleiben und nicht einfach nur nebeneinander her zu leben. Diese Momente sind dazu da, mit dem Partner echte Sätze zu wechseln, an seinem Leben teilzuhaben und auch die eigenen Bedürfnisse mitzuteilen. Doch es müssen nicht jeden Abend Diskussionen oder intensive Paargespräche sein, genauso stärkt es die Beziehung, wenn ihr Arm in Arm einen Film schaut oder einfach nebeneinandersitzt und jeder ein Buch lest.

Eine gestärkte Elternbeziehung hilft dabei, den Stress des Familienalltags besser zu überstehen – gemeinsam zu überstehen. Wie sagte schon der Psychologe Carl G. Jung: »Nichts hat psychologisch gesehen einen stärkeren Einfluss auf ihre Umgebung und besonders auf ihre Kinder als das ungelebte Leben der Eltern.« Deshalb sollten wir unseren Kindern diese Bürde nicht aufzwingen, sondern unser Leben leben und unsere geplatzten Träume nicht unseren Kindern in die Schuhe schieben. Eltern, die nur wenig Zweisamkeit haben, haben Umfragen zufolge weniger Sex miteinander und sind unzufriedener mit ihrer Beziehung als Eltern, die häufiger bewusste Momente nur zu zweit, als Paar, erleben.

Von einer starken Beziehung der Eltern profitieren auch die Kinder. Denn Kinder spüren die Spannungen zwischen ihren Eltern – und genauso spüren sie, wenn sich die Eltern gut verstehen und eine zärtliche Bindung zueinander haben. Die Beziehung der Eltern ist das Netz in der Familie, in das auch die Kinder fallen können. Sie lässt die Kinder in einer Atmosphäre der Geborgenheit aufwachsen. Nicht zuletzt deshalb ist es so wichtig, für den Nachmittag und Abend eine Struktur zu haben als Orientierung, sodass unsere Kinder in einer stressfreien, geborgenen Umgebung aufwachsen können.

Zeit für soziale Beziehungen

Der Feierabend ist auch die Zeit, in der ihr auf die Außenwelt treffen könnt – mal ohne Kinder, mal ganz auf die Freundin, den Kinofilm, das Konzert oder den Sport konzentriert. Auch wenn oft die Energie fehlt und der Körper sich nur noch nach Ruhe sehnt: Versucht, die Verabredungen aufrechtzuerhalten und zumindest ein paar Mal im Monat herauszukommen. Solche Abende auswärts machen nicht nur den Kopf frei, sondern helfen auch, sich auf sich selbst zu besinnen. Denn ihr seid nicht nur »die Mama von«, sondern ihr seid ihr selbst mit all euren Bedürfnissen!

Investiert eure freie Zeit in soziale Beziehungen, in ein funktionierendes Sozialleben und pflegt eure Freundschaften. Denn die sozialen Beziehungen machen uns glücklich, sie verschaffen laut Studien sogar ein längeres Leben. Ein soziales Netz fängt uns auf, wenn es uns schlecht geht, und gibt uns Kraft in schwierigen Zeiten. Doch damit das funktioniert, ist es wichtig, sich nicht erst, wenn das Kind in den Brunnen gefallen ist, auf seine Freunde zu besinnen, sondern die Freundschaften, das ganze Sozialleben, schon vorher zu pflegen. Dabei braucht es keine Hundertschaften an Freunden – lieber einige gute Freunde, auf die man sich verlassen kann, als viele oberflächliche Bekanntschaften. Das ist wie die Zeit, die man mit den Kindern verbringt: lieber eine Stunde ungeteilte Aufmerksamkeit beim Spielen als zwei Stunden mit einem Auge immer auf dem Handydisplay.

Die Stunden zwischen dem Ins-Bett-Bringen der Kinder und dem eigenen Schlafengehen solltet ihr also hin und wieder auch für euer eigenes Sozialleben nutzen, für euer erwachsenes Sozialleben ohne die Kinder. Je kleiner die Kinder sind, umso schwieriger ist das zu organisieren, aber sobald eure Kinder sich vom Partner oder der Großmutter ins Bett bringen lassen, solltet ihr die neugewonnene Freiheit nutzen. Das bedeutet nicht, dass ihr euch dann jeden Abend in den Kneipen herumtreiben sollt, aber ab und zu ein gutes Gespräch ohne dazwischenkrähende Kinder mit einer guten Freundin sollte drin sein. Dafür lohnt es sich auch, sich abends noch einmal aufzuraffen, auch wenn der Fernseher oder der Liebesroman noch so sehr locken.

Jede Familie hat eigene Strukturen und Rituale

Keine Frage: Ein strukturierter Alltag tut uns allen gut. Struktur im Alltag ist nachweislich gut für die Entwicklung der Kinder. Strukturen und Rituale bringen, wie bereits ausgeführt, Ruhe in unser Leben und schaffen Verlässlichkeit. Aber die Strukturen und Rituale müssen zu eurer Familie, zu den Begebenheiten und zu eurem Lebensrhythmus passen. Die Strukturen, die für eine Familie genau richtig sind, engen eine andere Familie vielleicht ein. Deshalb ist es so wichtig, einen individuellen Weg zu finden. Die Struktur soll zu eurem Alltag und zu eurer Familie passen – und nicht ihr zu der Struktur.

Ausnahmen sind erlaubt

Mama-Zitate

- Hilfe, wir haben es heute schon wieder nicht geschafft, unser Baby um sieben ins Bett zu bringen. Bringt das jetzt seinen ganzen Rhythmus durcheinander?
- Ich würde gerne mal wieder essen gehen. Aber ich habe Angst, dass unsere Kinder dann total aus dem Rhythmus kommen und abends nicht mehr einschlafen.
- Bringt es unsere Kinder durcheinander, wenn wir im Urlaub nicht um zwölf Uhr zu Mittag essen und sie abends noch länger aufbleiben dürfen?
- Einmal in der Woche ist meine Tochter bei ihrer Oma und darf dort nicht nur ganz viel naschen, sondern auch noch nach dem Kindergarten eine halbe Stunde fernsehen. Ist es schlimm, wenn ein Nachmittag in der Woche eine ganz andere Struktur hat?

Auf Fragen wie diese trifft man in den sozialen Netzwerken fast täglich. Nicht wenige Eltern setzen sich geradezu unter Druck, die Routinen und Strukturen fast schon sklavisch einzuhalten. Die gute Nachricht: Es bringt Kinder nicht nachhaltig durcheinander oder beeinträchtigt sie in ihrer Entwicklung oder ihrem Bindungsverhalten, wenn wir Eltern abends spontan beschließen, nach dem Ausflug noch Essen zu gehen, anstatt, wie die Tagesstruktur vorsieht, um 18 Uhr am heimischen Esstisch zu essen und um 19 Uhr ins Bett zu gehen. Genauso darf die Schlafenszeit auch mal den äußeren Umständen angepasst werden.

Viel wichtiger, als immer auf die Routine zu pochen, ist es, nach den Ausnahmen wieder in den Alltag zu finden und im Großen und Ganzen Strukturen einzuhalten. Was nicht bedeutet, sich immer sklavisch an die Uhrzeiten zu halten, sondern vielmehr die Reihenfolge einzuhalten. Das Ziel sollte es sein, die Routine an den meisten Tagen einzuhalten, sich aber nicht verunsichern zu lassen, wenn die Dinge einmal von der Routine abweichen. Tagesroutinen sind ein kreatives Werkzeug, aber kein strenges Regiment. Verbissen an etwas festzuhalten, ist nie gut, schon gar nicht im Leben mit Kindern, die uns immer wieder vor neue Herausforderungen stellen.

Routinen und Rituale wachsen mit

Kinder werden älter, Bedürfnisse verändern sich. Ebenso ändern wir Eltern uns – und damit auch Routinen und Rituale. Sie sind nicht fest verankert, sondern müssen immer wieder an unsere Lebensumstände angepasst werden. Oft sind es Lebenseinschnitte wie die Eingewöhnung in den Kindergarten, der Schulanfang oder die Geburt eines zweiten oder dritten Kindes, die uns Routinen und Rituale auf den Prüfstand stellen lassen. Denn diese Lebenseinschnitte bringen neue Ansprüche mit sich. Sie drängen uns geradezu dazu, unseren Tagesablauf zu überprüfen und neue Wochenpläne aufzustellen. Manchmal verändern sich die Bedürfnisse quasi von einem Tag auf den anderen. Das Kind braucht auf einmal keinen Mittagsschlaf mehr. Das Baby will den Brei nicht mehr vor dem Rest der Familie essen, sondern am

Familienessen teilnehmen und bitteschön auch das Gleiche essen wie die Eltern. Der Sohn will abends ohne Einschlafkuscheln ins Bett. Die Tochter liest ihre Gutenachtgeschichte selbst und will keine mehr von Mama hören.

Stillstand gibt es nicht, schon gar nicht im Leben mit Kindern. Das solltet ihr euch immer wieder in Erinnerung rufen und regelmäßig überprüfen, ob die Routinen und Rituale noch zu dem derzeitigen Familienleben passen. Denn sie wachsen mit den Kindern mit – so wie auch wir Eltern mitwachsen und in unsere Rollen hineinwachsen. Nicht wir müssen uns den Ritualen anpassen, sondern die Rituale müssen sich uns anpassen. Sonst fühlen sich Rituale an wie zu klein gewordene Hosen: einengend und unbequem.

Rituale müssen regelmäßig auf den Prüfstand gestellt werden, denn wenn sie inhaltsleer werden oder man sie nur vollzieht, »weil wir das immer so gemacht haben«, dann erfüllen sie ihren Zweck nicht mehr, können sogar zu einem Ballast werden. Wir müssen uns regelmäßig fragen: Passt das Ritual noch zu uns? Passt es in unseren Tagesablauf oder wird es vielleicht als störend empfunden? Gibt es vielleicht sogar ein anderes Ritual, das es ersetzt hat? Machen die Kinder den Sonntagsspaziergang nur noch mit, um uns Eltern einen Gefallen zu tun, ist auch das damit verbundene warme Familienzugehörigkeitsgefühl dahin. Vielleicht sind die Kinder nun einfach zu groß dafür und wollen lieber eigene Freunde treffen? Und wenn der Sohnemann auf einmal die Gutenachtgeschichte selbst liest und ohne Gutenachtkuss einschlafen will, dann ist es der Lauf der Zeit: Unsere Kleinen werden nun mal groß.

Sobald Rituale einschränken oder schlicht nicht mehr passen, dürfen sie gestrichen oder ersetzt werden. Sonst werden sie zu eben jenem starren Korsett, das einengt und uns keine Luft zum Atmen lässt – und Stress erzeugt, statt Stress vermeidet.

Diese Fragen solltet ihr euch regelmäßig stellen:

- Passt der Tagesablauf noch zu uns?
- Hat sich klammheimlich ein neues Ritual in unseren Alltag eingeschlichen?
- Wird ein Ritual nur noch aus Pflichtgefühl ausgeübt?
- Stehen wir als Familie vor neuen Herausforderungen?
- Steht in der nächsten Zeit ein Umbruch oder ein neues Ziel an?

Wenn das Einhalten der Tagesstruktur euch unter Stress setzt, dann müsst ihr sie auf den Prüfstand stellen. Ist es eine einmalige Sache? Weil ein Kinderarzttermin den Nachmittagsablauf auf den Kopf gestellt hat? Oder setzt euch der Tagesablauf regelmäßig unter Druck? Dann ist es Zeit, etwas an der Struktur zu verändern. Strukturen sind dazu da, den Alltag zu erleichtern. Sie sollen ihn nicht erschweren. Sie sollen Stress rausnehmen, statt Stress zu verursachen. Strukturen sollen kein Korsett sein, dass uns einschnürt. Um bei der Wäschemetapher zu bleiben: Strukturen sind eher wie Stützstrümpfe, die stützen und entlasten. Natürlich sind Ausnahmen erlaubt – und Kinder sind flexibler als wir denken.

Habt keine Scheu, euren Alltag umzustrukturieren, wenn das Leben das von euch verlangt. Nur wenn wir flexibel sind, dann erfüllen die Routinen und Rituale auch noch ihren Sinn, nämlich den, uns wie eine Hängematte aufzufangen, wenn die Hektik des Alltags uns einholt und alles von uns abverlangt.

Lachen statt Meckern

Und vergesst nicht: Es gibt noch eine weitere Geheimzutat für ein glückliches Familienleben. Sie ist ganz einfach und umsonst zu haben – wir müssen es nur wollen. Die Geheimzutat, die leider viel zu oft vergessen wird, heißt: Lachen. Mit den Kindern. Über uns selbst. Gemeinsam. Auch in den stressigsten Momenten kann Lachen befreiend wirken und die Spannung von uns nehmen. Statt zu meckern, sollten wir viel häufiger einfach lachen. Mit den Kindern zusammen Quatsch machen, statt zu schimpfen, dass sie so aufdrehen. Wenn gar nichts mehr hilft, hilft immer noch laute Musik und albern tanzen, bis der Stress und die schlechte Laune von einem abfallen. Seht das Leben mit Kindern vor allem mit Humor. Das Baby hat das Klopapier zu Konfetti zerfetzt? Nicht aufregen, sondern herzhaft drüber lachen und ein Foto für die Großeltern machen. Ist das nicht eine Anekdote, die man sich später gerne erzählt?

Und nicht zuletzt: Seid auch mal albern! Lacht mit euren Kindern! Wenn die Stimmung zu kippen droht, hilft es, einfach mal laut loszulachen. Mit den Kindern herumzualbern, anstatt zu meckern. Laut Musik aufzudrehen und so verrückt wie möglich zu tanzen. Das nimmt sofort Druck raus und hebt die Stimmung bei allen Beteiligten. Wenn das Kind sich also das nächste Mal nicht anziehen will, setzt ihm die Socke doch einfach auf den Kopf – oder euch selbst. Und lacht gemeinsam drüber. Lachen senkt sofort den Stress und Blutdruck, ist gut für das Immunsystem, und der Tag bringt einfach mehr Spaß, wenn man möglichst viel gemeinsam lacht! Wusstet ihr, dass Kinder 300-mal täglich lachen, wir Erwachsenen aber nur 15-mal? Ihr seht: Wir können uns in diesem Fall wirklich etwas von unseren Kindern abschauen.

Also: Verliert euren Humor nicht! Mit einer großen Portion Humor und einer Handvoll Routinen und Ritualen, die zu euch passen, gelingt es, ein erfüllendes Familienleben zu führen, in dem alle auf ihre Kosten kommen. So könnt ihr auch als »Afterwork-Eltern« gute Eltern sein und den Familienalltag zu dem machen, was er sein sollte: ein Ort der Geborgenheit für Kinder und Eltern gleichermaßen. Denn Geborgenheit und ein glückliches Familienleben hängen nicht von der Stundenzahl ab, die wir mit unseren Kindern verbringen, sondern davon, wie wir diese Zeit gemeinsam nutzen.

Service

Zum Weiterlesen Alexander, J. Joelle/Dissing Sandahl, Iben: Warum dänische Kinder glücklicher und ausgeglichener sind. Die Erziehungsgeheimnisse des glücklichsten Volks der Welt. 2017

Axt-Gadermann, Michaela/Axt, Peter: Was Kinder schlau und glücklich macht. Lernen erleichtern und Schulleistungen optimal fördern. 2009

Feibel, Thomas: Jetzt pack doch mal das Handy weg! Wie wir unsere Kinder von der digitalen Sucht befreien. 2017

Geo Wissen Nr. 54, 2014: Wie Erziehung gelingt.

Karr-Meng, Alexandra: Kinder achtsam erziehen. Wie Sie Wut, Streit und Geschrei aus dem Familienalltag verbannen. 2018

Klüver, Nathalie: Die Kunst, keine perfekte Mutter zu sein. Das Selbsthilfebuch für gerade noch nicht ausgebrannte Mütter. 2018

Klüver, Nathalie: Willkommen Geschwisterchen. Entspannte Eltern – glückliche Kinder. 2017

Kohler, Britta: Hausaufgaben. Helfen – aber wie? 2003

Kunze, Petra/Salamander, Catharina: Die schönsten Rituale für Kinder. 2008

Pantley, Elizabeth: Erziehen ohne Frust und Tränen. Das liebevolle Elternbuch. 2012

Zimpel, André Frank: Spielen macht schlau! Warum Fördern gut ist, Vertrauen in die Stärken ihres Kindes aber besser. 2014

Zimpel, André Frank/Hüther, Gerald: Lasst unsere Kinder spielen! Der Schlüssel zum Erfolg. 2013